财政部规划教材
全国财政职业教育教学指导委员会推荐教材
全国中等职业学校财经类教材

收银实务(第四版)
实训与练习

主 编 张建强

中国财经出版传媒集团
中国财政经济出版社

图书在版编目（CIP）数据

收银实务（第四版）实训与练习 / 张建强主编．—4 版．—北京：中国财政经济出版社，2017.6

财政部规划教材　全国财政职业教育教学指导委员会推荐教材　全国中等职业学校财经类教材

ISBN 978－7－5095－7457－7

Ⅰ．①收…　Ⅱ．①张…　Ⅲ．①商业服务－中等专业学校－教学参考资料　Ⅳ．①F718

中国版本图书馆 CIP 数据核字（2017）第 100661 号

责任编辑：陈　冰　　　　　　封面设计：构远设计

中国财政经济出版社 出版

URL：http：//www. cfeph. cn

E－mail：cfeph @ cfeph. cn

社址：北京市海淀区阜成路甲 28 号　邮政编码：100142

营销中心电话：010－88191537　北京财经书店电话：64033436　84041336

三河市宏图印务有限公司印刷　各地新华书店经销

787×1092 毫米　16 开　9 印张　209 000 字

2017 年 5 月第 4 版　2020 年 8 月河北第 2 次印刷

定价：22.00 元

ISBN 978－7－5095－7457－7

（图书出现印装问题，本社负责调换）

本社质量投诉电话：010－88190744

打击盗版举报热线：010－88191661　QQ：2242791300

编写说明

本书是财政部规划教材、全国财政职业教育教学指导委员会推荐教材，由财政部教材编审委员会组织编写并审定，作为全国中等职业学校财经类教材使用。

收银工作，是随着现代零售业的繁荣发展和现代化收银手段的应用而逐步发展和独立出来的一个新的工作岗位和职业，它是近年来职业院校学生的一条就业新渠道。收银岗位是出纳工作的拓展，它是会计工作的基础岗位。教育部连续几年举办了全国职业院校会计技能大赛，比赛设立“会计实务”比赛项目，每个代表队的4名选手要参加会计电算化、翻打传票和点钞三项内容的比赛。会计技能大赛有效地将职业教育的本质与办学理念、课程建设、教学内容、教学方法、人才培养模式和评价标准融为一体，已经成为中等职业教育发展的“杠杆”和“风向标”。

本实训教材紧紧围绕收银岗位的工作需要，突出强化了点钞、传票算和POS机操作三项技能，内容涵盖了从事收银工作必须具备的基本理论、基本礼仪、基本技能和主要收银业务的操作方法，以培养学生从事收银及相关工作的综合职业道德观念和职业能力。通过实训教学，我们希望学生能够熟练掌握百威3000XP商业管理系统的基本操作，包括前台收银和后台货物的进、销、存管理系统的使用；收银礼仪；会计数字书写与订正；人民币真假识别与点钞技术；电子计算工具的应用等基本技能。为学生进一步学习专业知识和培养职业技能，全面提高学生素质，增强适应职业变化的能力和继续学习的能力打下一定基础。

本书的编写特色是:

一、注意教学内容的优选

根据市场对收银及相关岗位操作技能的要求，我们提炼出会计数字书写、人民币真假识别、点钞技能、小键盘数字录入技能（加减算、传票算、账表算、票币计算）、收银员岗位职责、行为规范、收银礼仪等基本技能和操作收银机、结算账款、结账防伪、开具管理发票、现金管理、客户服务、收银营运管理和其他收银管理等八大工作事项。力求收银岗位教学的精细化、标准化、模块化和问题化，通过学习使学生明确自己岗位上的具体工作内容和工作事项，并获知处理这些事项的工作流程、方法和技巧。

二、着力教学方法的创新

在学习先进的教学理念的基础上，我们形成了“构造情景＋案例＋启发式提问＋基本知识＋基本技能＋实训”的全新教学模式。在此理念的引导下，我们力求从构造收银工作岗位的每一个环节的真实情景入手，让同学们通过眼看——观察岗位、耳听——体会岗位、脑想——思考岗位、嘴说——描述岗位。老师在基本知识教学中注重将岗位描述流程化、图形化；在基本技能操作中注重动作规范化、训练标准化；在整体教学中实施案例化教学。

三、单项训练与综合训练相结合

本实训教材既有单项训练，又有综合训练。单项训练是指按照收银工作的程序和基本要素逐项训练。综合训练则以新开一家小型超市为主线，要求学生运用百威3000XP商业管理系统实现对收银工作前台和后台岗位的基本管理。这种实训方案既能保证学生熟练掌握收银工作各岗位的基本技能，又能使学生将这些基本技能应用到会计出纳岗位、银行柜面业务岗位之中。实践证明，我们的实训方案全面提升了学生的岗位操作能力，增强了学生主动获得加薪和职务提升的机会。

本课程共计80学时，实训内容、学时数如下表所示。

（一）单项训练篇（54学时）

实训内容	学　时
1. 会计数字书写与订正	2
2. 票据的填写	2
3. 人民币真假的识别	2
4. 点钞技术	8
5. 电子计算器的应用	6
6. 收银礼仪	2
7. 系统功能	2
8. 信息档案	8
9. 进货管理	4
10. 存货管理	2
11. 批发管理	2
12. 收银管理	2
13. 前台系统	10
14. 商品装袋	2
15. 全国会计技能大赛传票算项目指导与训练	4
合计	52

（二）综合训练篇（26 学时）

实训内容	学　时
后台系统综合练习	8
前台系统综合练习	18
合计	26

本课程的考核要求是：

1. 上机考核学生是否能熟练掌握和运用百威 3000XP 商业管理系统进行前台收银和后台商品进、销、存等管理。

2. 重点考核学生在进行前台收银时能否做到规范化、熟练化、准确无误，体现良好的职业素质。

本实训教材的修订工作由张建强担任。具体分工是：单项训练实训 1 至实训 5、实训 14 及实训 15、综合训练实训 2 由张建强负责；单项训练实训 6、实训 12、实训 13 由张莎莎负责；单项训练实训 7 至实训 11、综合训练实训 1 由李莉负责。

用书学校任课老师若需要本实训与练习的答案，请以电子邮件的形式向中国财政经济出版社索取（注明学校、全书名、版次），E－mail：caijingjiaocai@ 163. com。

编　者

2017 年 4 月

目 录

单项训练篇

实训1 Practice

会计数字的书写与订正

一、实训目的

通过实训，熟练掌握阿拉伯数字（小写）的书写和中文数字（大写）的书写及读法规则；熟悉实际工作中的具体规定、订正规则及其运用方法。要求做到会写、会读；读法正确、写字规范。

二、实训内容

1. 小写的书写规则；
2. 小写的读法；
3. 中文数字（大写）的书写规则；
4. 订正规则。

三、实训时间

2课时。

四、实训指导

（一）阿拉伯数字的书写规则要点

1. 书写顺序：由上而下，先左后右。
2. 书写高度：占横格的1/3～1/2高度。要求：字迹要清楚、排列整齐、间隔匀称、一目了然。

3. 书写角度：每个数字与水平线保持适当的倾斜度45°~60°。

目的：（1）避免上下行数字重叠，发生混淆；（2）书写美观。

4. 要求每个数字紧贴横格底线书写，“7”、“9”、“￥”三个符号除外。“三位分节”、“点撇分明”特别要注意四点：

（1）分位点的位置在数字下边；

（2）小数点的位置在数字中间偏下；

（3）分位点不能写得像“、”；

（4）切记不能与“2”字的下部分相连。

5. 要求笔画清楚，不能模棱两可。尤其注意：

0（6）　1（7）　3（8）　7（9）

6. 金额小写前面要加写人民币符号“￥”。

作用：（1）说明金额小写所代表货币的性质；（2）拦头书写，防止增添、涂改。

注意：在填制凭证时，小写金额前一般均冠以人民币符号“￥”，书写时在“￥”与数字之间，不能留有空位，以防止金额数字被人涂改，而且小写金额前填写“￥”以后，数字之后就不要再写“元”了。例如：

大写金额：人民币叁仟玖佰柒拾陆元整　　小写金额：￥3,976.00

7. 金额的结尾没有“角、分”数时应写上“00”。无论有无分位格，凡有角无分、无角无分的，一律添“0”写满数位。

（二）阿拉伯数字的读法

1. 写数的规则是：“三位分节，整数开始，从右向左，三位一撇”。

2. 读数的规则是：“四位分级，每级千位，先读数字，后读数位”。

提示：对财会人员来说，头脑中要有这样的概念：万是五位数，十万是六位数，百万是七位数。

（1）万以下的数字，每先读一个数字，然后再读出一个数位名称；

（2）万以上的数只读一个万；

（3）数字中间的“0”一定要读出来，数字中间有两个以上的“0”可只读一个零；

（4）数字尾部的“0”不读出来；

（5）壹拾几的“壹”字，一定要读出来。

（三）读数歌诀与写数歌诀

1. 读数歌诀：

一撇前仟位，
两撇前佰万，
三撇前拾亿，
好读又好记。

2. 写数歌诀：

1 字落笔左下角，	2 字压线两边分，
3 字上下一般大，	4 字斜画均斜行，
5、7 两横皆平写，	6 字略大看得清，
8 字上下一般大，	7、9 还得出格外，
0 字压线向右倾，	书写规范又匀称。

（四）汉字大写数字书写的规则要点

填写票据和结算凭证，必须做到标准化、规范化，要做到数字正确、字迹清楚、不错漏、不潦草，以防止涂改。

1. 用正楷或行书字体书写。

2. “人民币”与数字之间不得留有空位。

相关资料

为了预防出现涂改的情况，在书写阿拉伯数字的同时，还要按规范的汉字书写要求进行。汉字书写一定要规范，一律用正楷字或行书字体书写。如壹（壹）、贰（贰）、叁（叁）、肆（肆）、伍（伍）、陆（陆）、柒（柒）、捌（捌）、玖（玖）、拾（拾）、佰（佰）、仟（仟）、万（万）、亿（亿）、圆（元）、角（角）、分（分）、零（零）、整（正）等易于辨认、不易涂改的字样，不得用一、二（两）、三、四、五、六、七、八、九、十、念、仨、毛、另（或0）、园等字样代替。

3. “整”（正）字的用法：当表示金额的数字有元无角分时，汉字大写数字结尾应加写“整”（正）字。有角无分时，可以加也可以不加“整”（正）字。

4. 有关“0”的写法。如果阿拉伯金额数字有“0”时，关键看“0”所在的位置：

（1）万位是 0 但仟位非 0 时，或元位是 0 但角位非 0 时，该 0 可读可不读。

例如：¥6,001,000.58

大写：人民币陆佰万零壹仟元零伍角捌分

或：人民币陆佰万壹仟元伍角捌分

（2）万位是 0，仟位也是 0 时或元位是 0，角位也是 0 时，该 0 必须读出。

例如：¥300,000.09

大写：人民币叁拾万元零玖分

（3）分位是 0 时，不读 0，但要加“整”字。

例如：¥1,000.00

大写：人民币壹仟元整

（4）角位非 0，但分位是 0 时，不读 0，结尾可加“整”也可不加“整”字。

例如：¥200.70

大写：人民币贰佰元柒角整

或：人民币贰佰元零柒角

5. 有关“壹”字的要求：

注意：在书写金额大写中文数字时不能遗漏。

例如：¥100,000.00

大写：人民币壹拾万元整

6. 支票等票据的出票日期必须使用汉字大写数字。

规定：月份是1至9月、10月时，应在月份数前加“零”字；日期是1至9日、10日、20日、30日时，应在日期数前加“零”字。

例如：某支票的签发日期是：2017年10月4日，应该写成：贰零壹柒年零壹拾月零肆日。

（五）数字书写错误的订正方法

1. 划线订正法：

方法：不论是错写一个或错写几个数字，均应将这一数字的全数用红线划掉，然后再在原数的上面空白处，写上订正后的正确数字，并在红线上加盖更正人私章以明确责任。

注意：不能用红笔写正确数字的原因：红字是表示相反的意思，如财政赤字，企业亏损。

（1）小写数字错写的更正方法：

例如：将“683.46”元，错写成“682.46”元。

正确的更正方法	**错误的更正方法**
683.46	3
~~682.46~~	68~~2.~~46（或在原数上改）

（2）大写数字错写的更正方法：

例如：将“人民币贰仟陆佰柒拾捌元整”，错写为“人民币贰仟柒佰陆拾捌元整”。

正确的更正方法：人民币贰仟陆佰柒拾捌元整

~~人民币贰仟柒佰陆拾捌元整~~

错误的更正方法：陆佰柒

人民币贰仟~~柒佰陆~~拾捌元整

2. 银行的各种结算凭证涂改后无效，应另行填写。

3. 严禁一些不良的更正方法。

五、实训练习

（一）数字书写

1. 每天练习阿拉伯数字书写12遍。

1										2										3										4									
千	百	十	万	千	百	十	元	角	分	千	百	十	万	千	百	十	元	角	分	千	百	十	万	千	百	十	元	角	分	千	百	十	万	千	百	十	元	角	分

2. 每天练习汉字大写数字的书写（6 遍）。

零、壹、贰、叁、肆、伍、陆、柒、捌、玖、拾、佰、仟、万、亿、元、角、分、整。

（二）正确读出下列各数，并用大写数字表示出来

1. 25.12　　　　大写：
2. 37.09　　　　大写：
3. 522.17　　　　大写：
4. 8,605.40　　　　大写：
5. 603,002　　　　大写：
6. 200,006.34　　　　大写：
7. 34,506,000　　　　大写：
8. 14,567,008　　　　大写：

（三）根据下列小写金额写出大写金额数字

1. ¥10.50　　　　大写：
2. ¥125.36　　　　大写：
3. ¥1,206.00　　　　大写：
4. ¥45,678.09　　　　大写：
5. ¥603,675.43　　　　大写：
6. ¥170,000.00　　　　大写：
7. ¥9,865,400.30　　　　大写：
8. ¥12,345,678.91　　　　大写：

（四）根据下列大写金额写出小写金额数字

1. 人民币壹角肆分

小写：

2. 人民币壹拾贰元叁角捌分

小写：

3. 人民币壹佰壹拾壹元零壹分

小写：

4. 人民币贰仟零肆元整

小写：

5. 人民币壹拾万叁仟元伍角整

小写：

6. 人民币叁仟柒佰零玖万陆仟伍佰壹拾捌元零陆分

小写：

7. 人民币肆拾万元整

小写：

8. 人民币伍拾万零陆元柒角玖分

小写：

（五）根据所给的正确结果订正相应的错误数字

正确结果	错误数字	正确结果	错误数字
5,026.43	5,026.34	1,000.41	1,000.14
7,652.95	7,625.93	168,469	168,466
815,361	815,163	3,265.43	2,365.43
8,006,470	800,647	4,508.31	4,506.41

（六）填空题

1. 阿拉伯数字是由（　　）、（　　）、（　　）、（　　）、（　　）、（　　）、（　　）、（　　）、（　　）、（　　）构成的。

2. 人民币的符号用（　　）表示。

3. 数字的书写按现在国际惯例，采用（　　）位分节制。

4. 汉字大写数字的书写要数字（　　）、字迹（　　）、不错漏、不潦草，以防止涂改。

5. 人民币肆仟捌佰叁拾柒元整写成小写的阿拉伯数字应该是（　　　）。

6. ¥560,708.02 写成汉字大写数字：人民币（　　　　　）。

7. 2017 年 10 月 19 日写成大写日期是（　　　　　）。

8. 2015 年 11 月 20 日写成大写日期是（　　　　　）。

（七）判断题

1. 为了方便人们记忆，阿拉伯数字应该代替汉字大写数字。（　　）

2. 在书写人民币符号“¥”时，在“¥”与数字之间应留有空位，以便写冒号。（　　）

3. 一般账表凭证的金额栏印有方位格，从角分开始，每三位印一粗线代表分节号。（　　）

4. ¥78,692.35 元。（　　）

5. 人民币叁拾贰万肆仟零伍元应写成¥324,005.00 元。（　　）

6. 将人民币壹佰万零陆元伍角写成小写 1,000,006.5 元。（　　）

7. 人民币：360.90 元。（　　）

8. 将[6,543]订正为[6,345]的方法是，将[6,543]先用横线划掉[~~6,543~~]，然后再在其上方改写为[6,345]。（　　）

9. 人民币陆拾三元伍角。（　　）

10. ¥800,600.05。（　　）

（八）单项选择题

1. 阿拉伯数字的书写优点是(　　)。

A. 容易书写　　B. 好看

C. 没有计算功能　　D. 功能全

E. 特别规范好修改

2. 下面的习惯读数将与国际接轨的三位分级形式 300,900,082,000 写成汉字大写数字(　　)。

A. 叁仟零玖亿捌万贰仟　　B. 三仟零玖亿零零捌万零贰仟

C. 叁仟亿零玖亿零捌万　　D. 三仟零九亿零捌万二仟元整

E. 叁仟玖佰亿零八万二仟元

3. 数字 570,078.23 是(　　)位。

A. 6 位　　B. 8 位

C. －2 位　　D. 6 位正数 2 位小数

E. 4 位

4. 中国传统的分级法与西方的不同，它是(　　)一级。

A. 两位　　B. 三位

C. 四位　　D. 五位

E. 六位

5. 阿拉伯数字是(　　)发明的。
A. 印度人
B. 阿拉伯人
C. 中国人
D. 欧洲人
E. 日本人

6. 阿拉伯数字的缺点是(　　)。
A. 容易写
B. 容易涂改
C. 容易算
D. 容易错
E. 容易对

7. 阿拉伯数字的书写与一般写法略有不同，规定严格、规范，书写时必须(　　)。
A. 紧靠底线其高度约占 1/2
B. 紧靠底线其高度约占 1/3
C. 紧靠底线其高度约占 1/4
D. 紧靠上线其高度约占 1/3
E. 紧靠上线其高度约占 1/2

8. 书写要正确、清楚和大方，不能擅自(　　)。
A. 造字
B. 美工文字
C. 规范文字
D. 规定文字
E. 修改文字

9. 下列汉字大写数字的订正方法正确的是（　　）。
A. 出现错误时或漏字，必须重计填写
B. 涂改
C. 挖补
D. 刮擦
E. 消字

10. 阿拉伯数字书写出现错误后订正方法是（　　）。
A. 先将错误数字从头至尾加一道红线划掉，再将正确的数字写在上方，并加盖图章
B. 只改错误的数字即可
C. 划线到元位再改正
D. 在原错字上硬性改成正确即可
E. 用大写改正而可

(九) 多项选择题

1. 在书写下列(　　)重要票据时，应使用汉字大写数字。
A. 支票
B. 汇票
C. 收据
D. 发票
E. 听课证

2. 下列数字的书写，表示人民币金额的写法有错误的选项是(　　)。

A. 人民币：　叁佰元　　B. ¥：　陆拾元

C. ¥：　761.02　　D. ¥400,500 元

E. 人民币玖佰贰拾元正

3. 用汉字大写金额表示 ¥7,856.00 不正确的选项有（　　）。

A. 人民币柒仟捌佰伍拾陆元正　　B. 人民币柒仟捌佰伍拾陆元零角零分正

C. 人民币柒仟捌佰伍拾陆元零角正　　D. 人民币零柒仟捌佰伍拾陆元正

E. 人民币：零柒仟捌佰伍拾陆元正

4. 将人民币肆拾贰万零叁佰捌拾玖元零玖分写成小写，错误的写法有(　　)。

A. 420,389.09 元　　B. ¥420,389.09

C. ¥：420,389.09　　D. ¥420,389.09 元

E. ¥：420,389.09 元

5. 阿拉伯数字不是(　　)发明的。

A. 印度人　　B. 阿拉伯人

C. 中国人　　D. 欧洲人

E. 日本人

6. 不正确的更正方法有（　　）。

A. 划线更订正法　　B. 涂改订正法

C. 挖补订正法　　D. 划擦订正法

E. 药水消字法

7. 下列各数订正错误的有（　　）。

A.

			6			4		
3	7	1	~~4~~	0	2	~~6~~	6	5

B.

			6			4		
3	7	1	~~4~~	~~0~~	~~2~~	~~6~~	6	5

C.

			6			4		
~~3~~	~~7~~	~~1~~	~~4~~	~~0~~	~~2~~	~~6~~	6	5

D.

			6			4		
3	7	1	~~4~~	~~0~~	~~2~~	~~6~~	~~6~~	~~5~~

E.

			6			4		
~~3~~	~~7~~	~~1~~	~~4~~	~~0~~	~~2~~	~~6~~	~~6~~	~~5~~

8. 阿拉伯数字金额元位是“0”时，或中间数字连续有几个“0”，元位也是“0”，但角位不是“0”时，中文大写金额中可以（　　）。

A. 只写一个“零”字　　B. 可以不写“零”字

C. 有多少“零”写多少“零”字　　D. 只写两个“零”

E. 一个“零”也不写

9. 汉字大写金额数字前应标明“人民币”字样，大写金额数字应紧接“人民币”填写，不正确说法是（　　）。

A. 留有空格　　B. 不留有空格

C. 有时留有空格，有时不留有空格　　D. 金额大留空白多，金额小留空白少

E. 不留空格，但要写上冒号

10. 各种票据和计算凭证上的阿拉伯数字前面应填写“￥”符号，错误的用法有（　　）。

A. 在账上使用“￥”

B. 在报表上使用“￥”

C. 在写“￥”后用冒号，后面再写数字

D. 在小写金额前写“￥”数字之后不写“元”

E. 在“￥”与数字之间不留有空位

实训 2 *Practice*

票据的审验与填写

一、实训目的

通过实训熟练掌握商业票据中支票、发票的审验知识及填写操作。

二、实训内容

1. 支票填写；
2. 开具发票。

三、实训时间

2 课时。

四、实训指导

（一）支票与证件审核

结算时，应该对支票及相关证件进行检查，具体检查内容包括以下七点：

1. 验票：检查支票的质地与完好程度，辨别真假，支票在紫光灯下有荧光反应，部分银行支票有密码。

2. 验章：公章和法人印鉴是否清晰，不得出现重叠、残缺或模糊印迹。

3. 验笔迹：用笔规范，无修改或重描现象，字体一致，背书应注明使用者姓名、身份证号码、电话。

4. 验金额：金额填写正确。

5. 验日期：在有效使用期内（出票日起 10 日内交付银行）接收，从票面日期的次日起算，到期日遇例假日时，有效期依次顺延，但如果例假日在票面日期与到期日之间，则不能顺延支票有效期限。

6. 验证件：检查持票人的身份证与工作证是否正确、可信，并登记持票人的姓名、单位、工作证和电话号码、地址、身份证号码以及出票单位、清单序号、支票号。

7. 若对支票有疑问，收银人员应立即通知收银主管，通过电话查询持票人的身份来决定是否受理。

（二）支票填写

支票填写总体要求：标准、规范。具体包括以下七个方面：

1. 一律用墨汁或碳素墨水填写，大写、小写金额、收款人三处不得涂改。

2. 开票日期要求用中文大写数字书写。在填写月、日时，如果月份数是1月、2月、10月的，日期是1~9和10、20和30的，应该在其前面加“零”字；月份数为10、11和12，日为10~19的，应该在其前面加写“壹”字。例：2017年10月10日，应写成：贰零壹柒年零壹拾月零壹拾日。

3. 收款人名称要填写收款单位注册的全称，不能填写其简称。

4. 中文大写数字金额前应标明“人民币”字样，大写数字前未印“人民币”字样的应添加“人民币”三字。

5. 阿拉伯小写数字金额前面，均应填写人民币符号“¥”。数字要认真填写，不得连写。

6. 阿拉伯小写金额数字中有“0”时，中文大写应按照汉语语言规律、金额数字的构成和防止涂改的要求进行书写。

7. 金额以“元”结尾的，在“元”之后应加上“整”（或“正”）字。

【实例】2017年4月8日，顺康贸易公司开出转账支票，支付前欠N市佳旺有限公司的购货款，金额为748,296.60元。

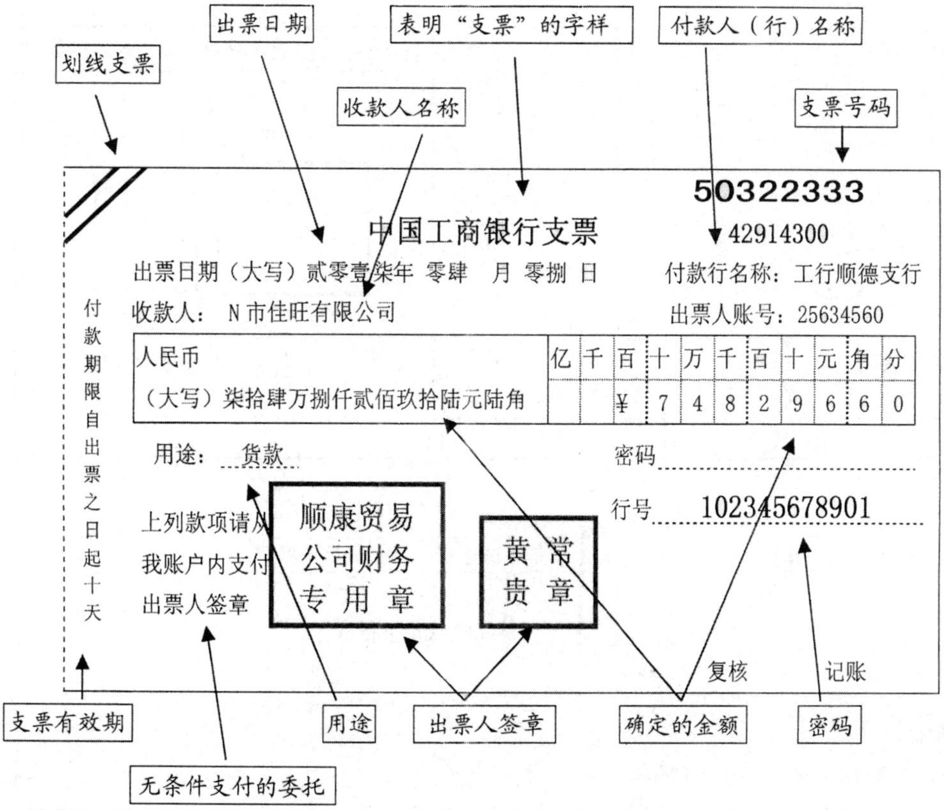

图2-1 普通支票签发格式

（三）转账支票委托收款规定

单位持支票向银行提示委托收款，应作委托收款背书，同时填写进账单。进账单付款人、收款人信息及大小写金额必须与支票一致。提交人向开户银行提交支票和进账单时还需同时出示本人身份证件，并在支票背面摘录证件号码及发证机关。

【链接】

背书是指在票据背面或者粘单上记载有关事项并签章的票据行为。背书转让的，背书人应当承担票据责任。

【实例】2017年4月12日，N市佳旺有限公司出纳李强持顺康贸易公司签发的转账支票金额748，296.60元到开户行申请进账。

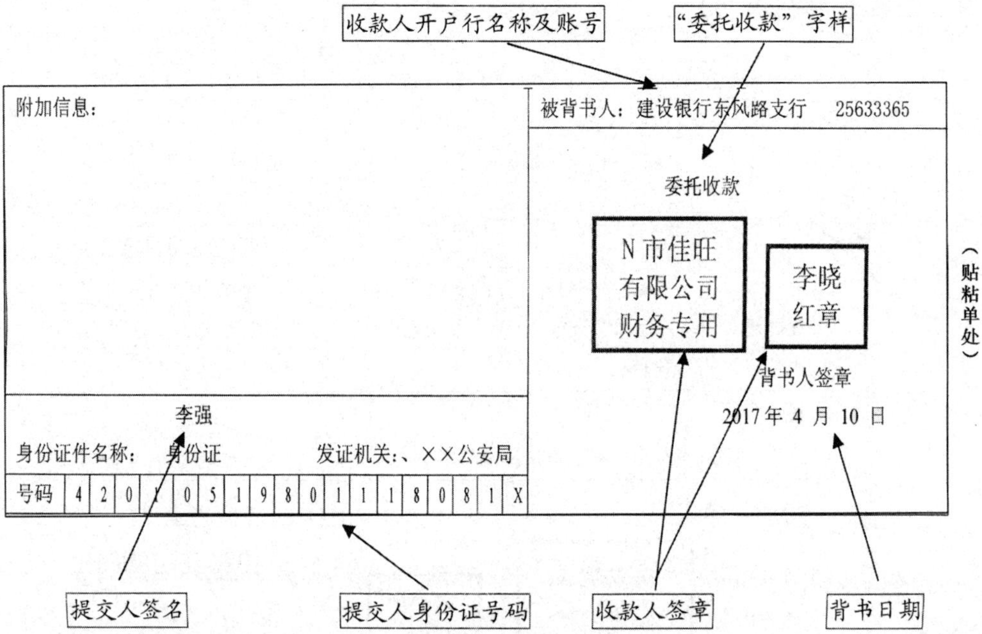

图2-2 委托收款背书格式

【小贴士】

进账单第一联是客户回单联，第二联收款人开户行作贷方凭证，第三联交给收款人作收款通知。出票人将支票提交到开户行不需作委托收款背书。假设此笔业务出票人开户行是中国建设银行东风路支行，按人民银行支付结算的纪律，收款人开户行需将支票及时提出交换，俟退票时间过收妥头寸后方可入收款人账户。

表 2－1

中国建设银行进账单 （回 单） **1**

2017 年 4 月 12 日 **XV 16479721**

<table>
<tr><td rowspan="3">付款人</td><td>全　称</td><td>顺康贸易公司</td><td rowspan="3">收款人</td><td>全　称</td><td colspan="11">N 市佳旺有限公司</td></tr>
<tr><td>账　号</td><td>25634560</td><td>账　号</td><td colspan="11">25633365</td></tr>
<tr><td>开户银行</td><td>工商银行顺德支行</td><td>开户银行</td><td colspan="11">建设银行东风路支行</td></tr>
<tr><td rowspan="2">金额</td><td colspan="4" rowspan="2">人民币
（大写）柒拾肆万捌仟贰佰玖拾陆元陆角整</td><td>亿</td><td>千</td><td>百</td><td>十</td><td>万</td><td>千</td><td>百</td><td>十</td><td>元</td><td>角</td><td>分</td></tr>
<tr><td></td><td></td><td>¥</td><td>7</td><td>4</td><td>8</td><td>2</td><td>9</td><td>6</td><td>6</td><td>0</td></tr>
<tr><td>票据种类</td><td>转账支票</td><td>票据张数</td><td>壹张</td><td colspan="12">交给银行后视为已盖章</td></tr>
</table>

此联是开户银行交给持（出）票人的回单

（四）开具发票

由于顾客可能是企、事业单位，其回到单位需要发票记账，所以商家还要为顾客打印或开具发票。开票时要注意：

1. 收银台或客户服务中心只能给客户打印或开具普通销售发票，增值税专用发票由财务部门开具。

2. 填开发票时，必须顺号使用，不能跳号开发票。

3. 开发票时应该按顾客所购商品的实际品名、金额、数量填写，不能虚开发票，不开空白发票。作废的发票必须全联保留，加盖“作废”章，不得随意撕毁、丢失。

（五）现金支票签发实例

【实例】现金支票填写：2017 年 10 月 12 日，N 市佳旺有限公司出纳李强提现金213 000 元，以备发放工资。现金支票的填写见图 2－3。

小贴士

收款人为个人的现金支票，收款人名称、背书人签章和取款人名称应该一致。

（六）支票转让背书连续实例

【实例】图 2－4 的支票出票日期是 2017 年 9 月 31 日，签发时的收款人是武汉中百超市，经过两次转让：武汉中百超市→扬子江食品有限公司→中粮集团武汉分公司，最后的持票人是中粮集团武汉分公司。

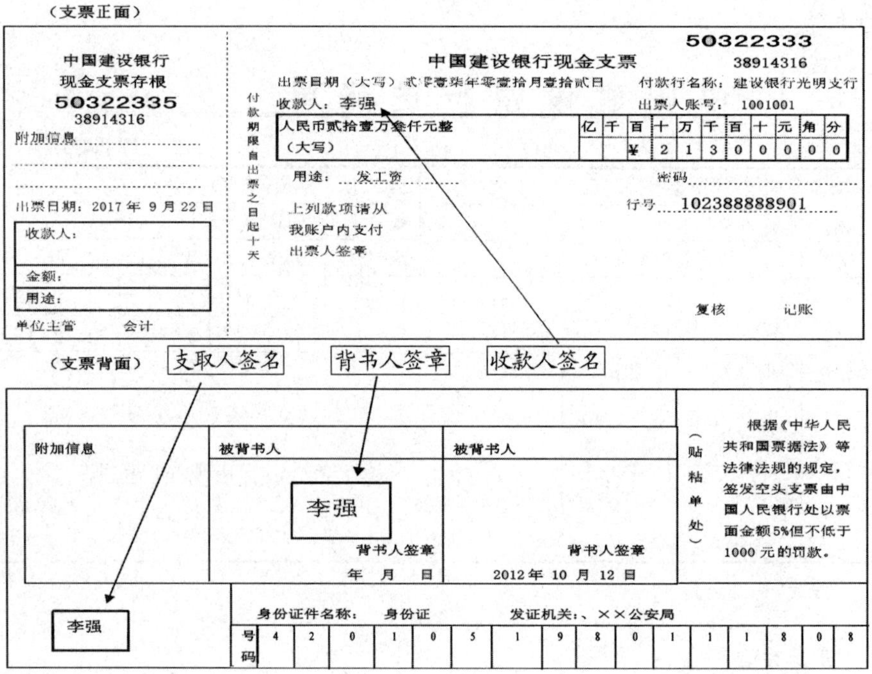

图 2－3　填写现金支票

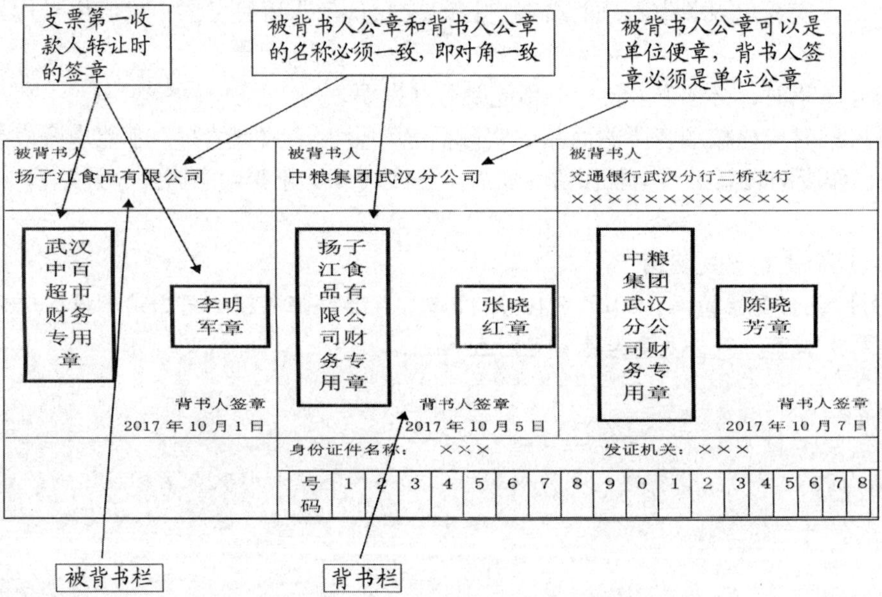

图 2－4

五、实训练习

（一）填写支票出票日期练习

实训要求

采用财会规范的填写方法写出支票的签发大写日期，年份为 2017 年，请同学们自己试一试。

表 2－2

序号	日期	出票汉字大写日期
（1）	1 月 18 日	出票日期　　年　　月　　日
（2）	2 月 8 日	出票日期　　年　　月　　日
（3）	3 月 10 日	出票日期　　年　　月　　日
（4）	4 月 28 日	出票日期　　年　　月　　日
（5）	5 月 30 日	出票日期　　年　　月　　日
（6）	6 月 15 日	出票日期　　年　　月　　日
（7）	7 月 20 日	出票日期　　年　　月　　日
（8）	8 月 12 日	出票日期　　年　　月　　日
（9）	9 月 25 日	出票日期　　年　　月　　日
（10）	10 月 31 日	出票日期　　年　　月　　日
（11）	11 月 29 日	出票日期　　年　　月　　日
（12）	12 月 6 日	出票日期　　年　　月　　日

（二）支票、发票的填写训练

练习一：武汉市财政学校总务科王红于 2017 年 12 月 28 日在王家湾家乐福超市购买一批迎新年晚会用品，价值 1200 元整。结账时用转账支票付款，开户银行为光大银行王家湾分行，账号 20010248737000。请根据以上条件帮助收银员正确填写支票。

上述晚会用品明细是：瓜子 50 斤，单价 10 元；水果糖 50 斤，单价 12 元；桔子 100 斤，单价 1 元。请帮助超市收银员开具发票。

转账支票正面

中国光大银行 转账支票存根 XVI00000000 附加信息 出票日期　年　月　日 收款人： 金　额： 用　途： 单位主管　　会计	Bank　中国光大银行　转账支票（　）　XVI00000000 出票日期（大写）　　年　月　日　　付款行名称： 收款人：　　出票人账号： 本支票付款期限十天 人民币（大写）　亿 千 百 十 万 千 百 十 元 角 分 用途 上列款项请从 我账户内支付 出票人签章　　复核　　记账

练习二：新华酒店有限责任公司于 2017 年 1 月 16 日购买型号为 XHD001 的电视机 5 台，单价 3 800 元，制单人为李晓，收款人为张海，请您为该公司开具一张购货发票。

×××发票

购货单位：　　　　　　　　　　日期　　年　　月　　日　　　　　　　　　　NO：08567

品名	型号	单位	数量	单价	金额								
					百	十	万	千	百	十	元	角	分
人民币（大写）	佰　拾　万　仟　佰　拾　元　角　分												

制单：　　　　　　　　　　收款：　　　　　　　　　　发货：

练习三：2017 年 10 月 10 日，W 市力可股份有限公司开出转账支票支付 W 市百货公司购买的办公用品款项 1 000 元，请代为填写。（资料：付款行名称—建设银行光明支行；出票人账号：1001002、行号：502488887901）

中国建设银行
转账支票存根
50322333
38914313
附加信息 ……
出票日期：　年　月　日
收款人：
金额：
用途：
单位主管　　会计

付款期限自出票之日起十天

50322333
中国建设银行转账支票　38914313
出票日期（大写）　年　月　日　付款行名称：
收款人：　出票人账号：

人民币（大写）	亿	千	百	十	万	千	百	十	元	角	分

用途：……　密码……
上列款项请从　行号……
我账户内支付
出票人签章
复核　记账

（支票背面）

附加信息	被背书人	被背书人
	背书人签章 年　月　日	背书人签章 年　月　日

（贴粘单处）

根据《中华人民共和国票据法》等法律法规的规定，签发空头支票由中国人民银行处以票面金额5%但不低于1000元的罚款。

实训3 Practice

人民币真假的识别

一、实训目的

通过实训掌握第五套人民币的防伪特征及一般识别方法。

二、实训内容

1. 介绍第五套人民币的防伪特征（边介绍边展示票样）。
2. 人民币的一般识别方法：听、摸、看、比、仪器检测。
3. 假币的鉴别。

三、实训时间

2 学时。

四、实训准备

老师课前要制作多媒体课件或挂图；准备第五套人民币和收集到的假币；学生准备讨论素材（在日常生活中你所听到或看到的防伪方法）。

五、实训指导

（一）观看录像片——第五套人民币的防伪常识（35 分钟）

中国人民银行已经制作出录像片——第五套人民币的防伪常识。

要求：学生准备两个版本的百元人民币，边看录像边记笔记；对重要的防伪特征老师要作提示和强调。

（二）制作 PPT，重点介绍人民币防伪的方法：一看，二摸，三听，四测。

六、实训练习

（一）填空

以 2005 年版 100 元人民币为例（见图 3－1），写出相应的防伪特征。

（1）________________ （2）________________ （3）________________

(4) ________ (5) ________ (6) ________

(7) ________ (8) ________ (9) ________

(10) ________ (11) ________ (12) ________

(13) ________ (14) ________ (15) ________

(正面)

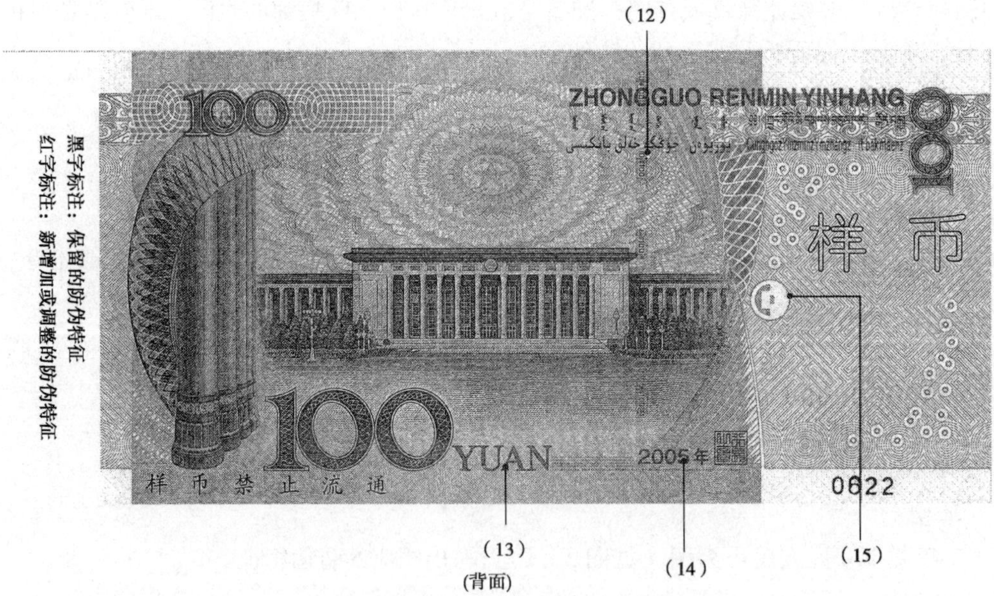

(背面)

图 3-1　100 元人民币防伪特征

（二）对照2005年版100元人民币，学习2015年版100元人民币的防伪特征

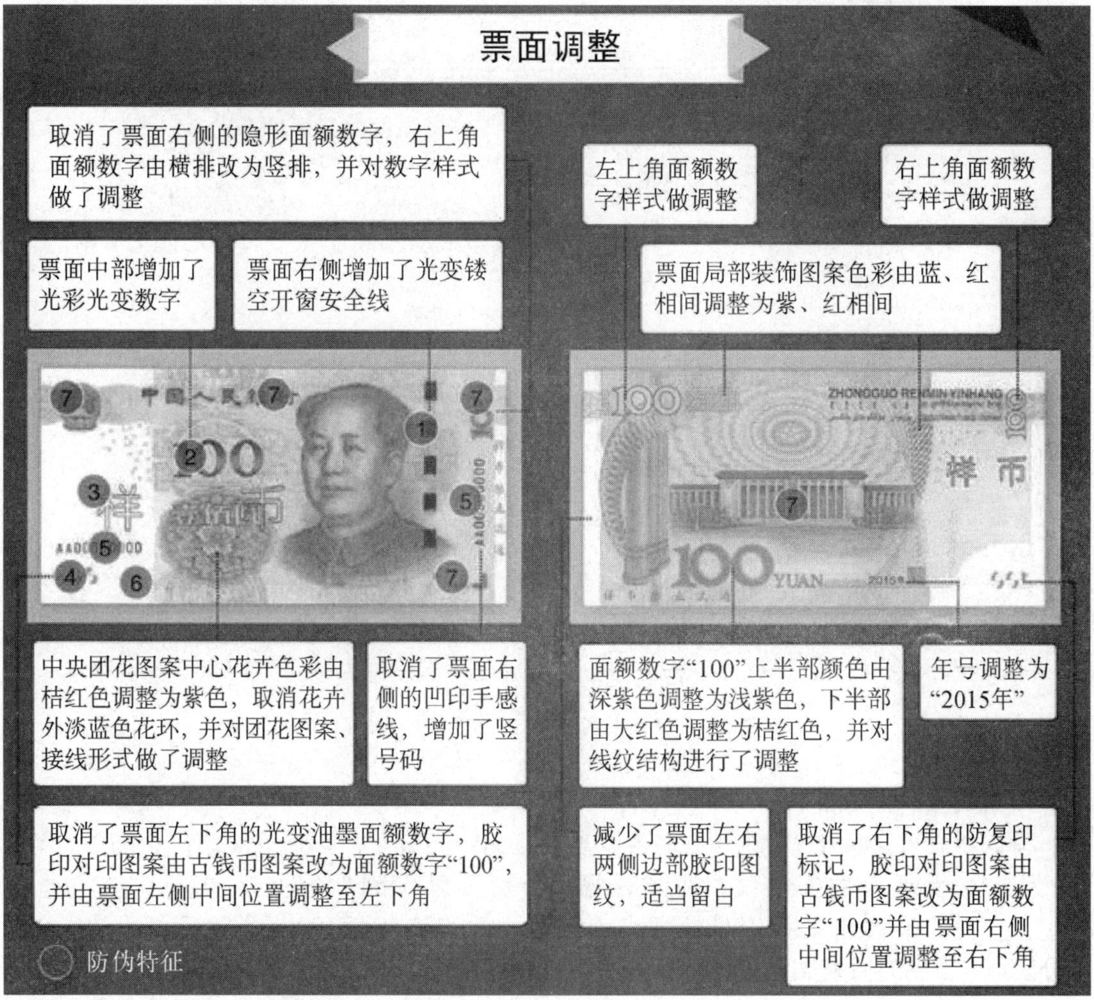

（三）填空：识别假币的一般方法

识别人民币纸币的真伪，通常采用"______、______、______、______"的方法。

【方法一】看：

1. 看水印，见图3－2。

2005年版第五套人民币各券别纸币的固定水印位于各券别纸币票面正面左侧的空白处，迎光透视，可以看到立体感很强的水印。100元、50元纸币的固定水印为______________；20元、10元、5元纸币的固定水印为________及相应的________。2005、2015年版第五套人民币100元、50元与1999年版相比增加了相应的________水印。

第五套人民币(　　)元和(　　)元人像水印

第五套人民币（　　）元荷花水印

第五套人民币（　　）元月季花水印

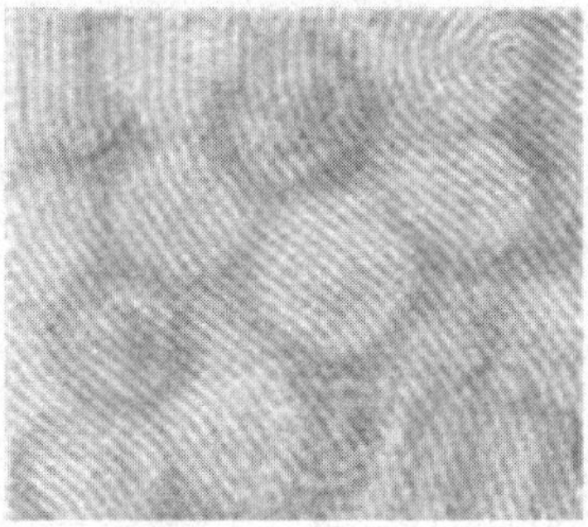

第五套人民币(　　)元水仙花水印

图3－2　第五套人民币各券别水印

2. 看安全线，见图3－3。

2005年版第五套人民币纸币在各券别票面正面中间偏左，均有一条______。1999年版100元、50元纸币的安全线，迎光透视，分别可以看到微缩文字“____________”、“__________”的微小文字，仪器检测均有磁性，但2005年版100元、50元纸币的安全线上分别可以看到的微缩文字是“________”、“______”；20元纸币，迎光透视，是一条明暗相间的安全线，1999年版10元、5元纸币安全线为全息磁性开窗式安全线，即安全线局部埋入纸张中，局部裸露在纸面上，开窗部分分别可以看到由微缩字符“______”、“____”组成的全息图案，仪器检测有磁性；2005年版各券别的安全线全部采用______________安全线。

2015年版100元纸币设计了两条安全线。其中，______________对光源要求不高，颜色变化明显，集成镂空文字特征，更加有利于公众识别。______________采用了特殊磁性材料和先进技术，机读性能更好。另外，两条安全线分别位于票面两边，也有利于防止变造人民币。

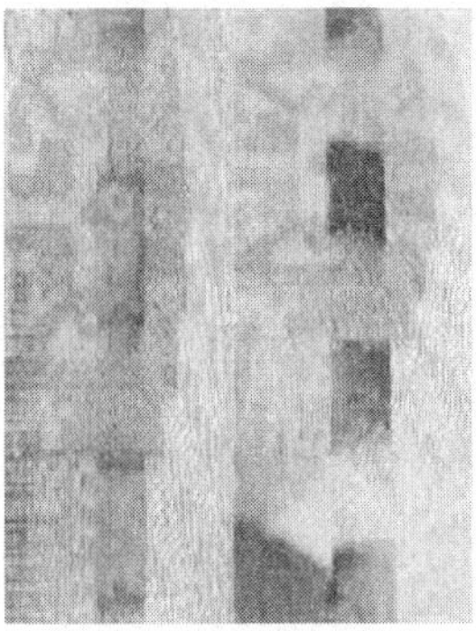

新版 100 元安全线

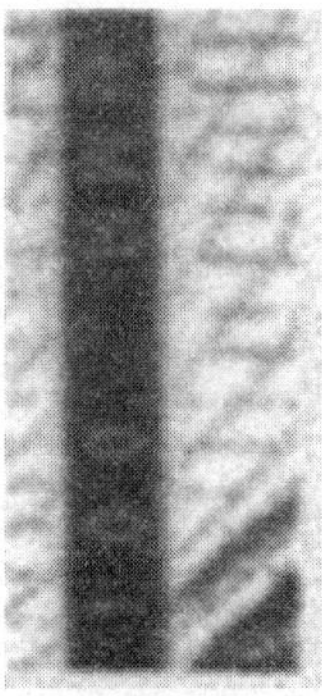

100 元安全线

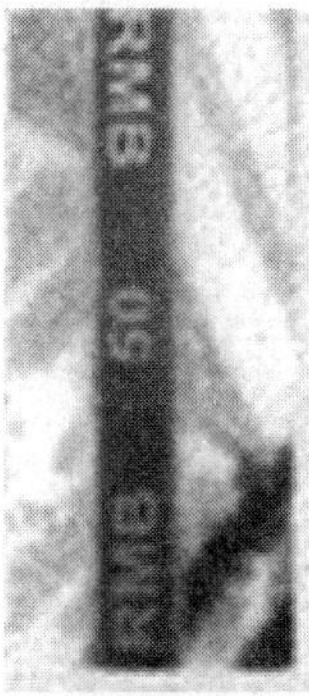

50 元安全线

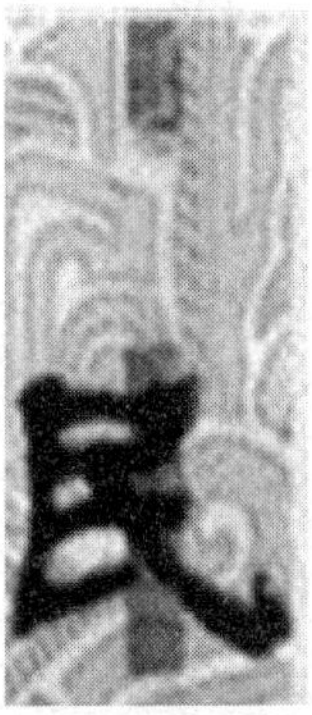

20 元安全线

10 元安全线

5 元安全线

图 3－3　第五套人民币各券别安全线

3. 看光变油墨，见图 3－4。

100 元光变油墨印刷

50 元光变油墨印刷

图 3－4　第五套人民币光变油墨

2005 年版第五套人民币 100 元和 50 元纸币正面左下方的面额数字采用光变墨印刷。将垂直观察的票面倾斜到一定角度时，100 元纸币的面额数字会由__色变为__色；50 元纸币的面额数字则会由__色变为__色。

2015 年版第五套人民币 100 元券采用的______________是国际钞票防伪领域公认的前沿公众防伪技术之一，公众更容易识别。垂直票面观察，数字以__色为主；平视观察，数字以__色为主。随着观察角度的改变，数字颜色在这两种颜色之间变化，并可见一条光带上下滚动。见图 3－5。

图 3－5　100 元新增光变油墨印刷

4. 看票面图案是否清晰，色彩是否鲜艳，对接图案是否可以对接上，见图 3－6。

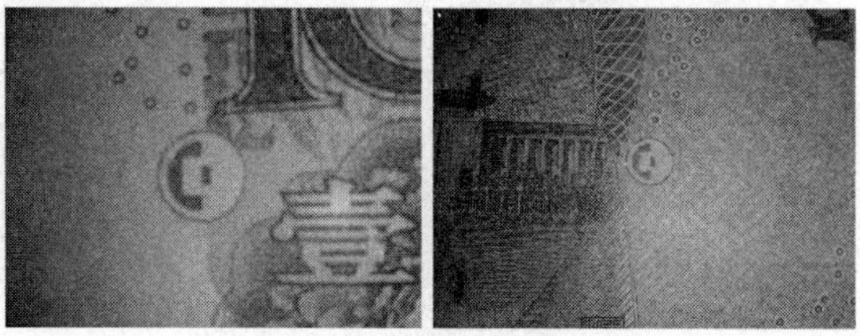

图 3－6

第五套人民币 2005 年版各券别的阴阳互补对印图案的正面左侧和背面右侧都印有一个圆形局部图案。迎光透视，两幅图案准确对接，组合成一个完整的__________。见图 3－7。

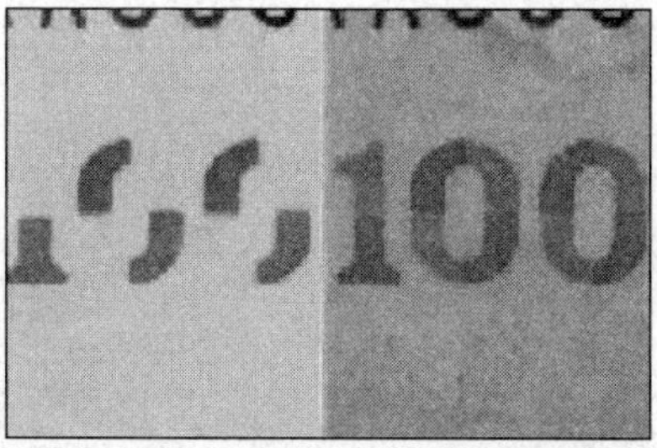

图 3－7

2015 年版第五套人民币 100 元券票面正面__________和背面__________均有面额数字"100"的局部图案。透光观察，正背面图案组成一个完整的面额数字"100"。

5. 用 5 倍以上的放大镜观察票面，看图案线条、缩微文字是否清晰干净。见图 3－8。

第五套人民币纸币各券别正面胶印图案中，多处均印有微缩文字，20 元纸币背面也有该防伪措施。100 元微缩文字为"______"和"____________"；50 元为"____"和"__________"；20 元为"__________"和"____"；10 元为"__________"和"__"；5 元为"________"和"__"字样。

【方法二】摸：

1. 摸人像、盲文点、中国人民银行行名等处是否有______。见图 3－9。

第五套人民币 100 元微缩文字

第五套人民币 50 元微缩文字

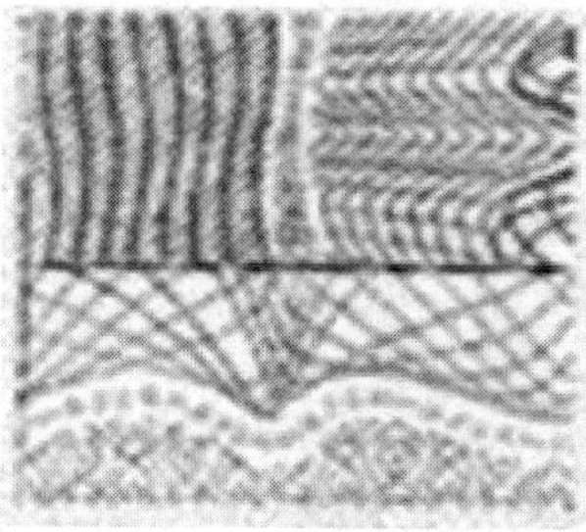

第五套人民币 20 元微缩文字

第五套人民币 10 元微缩文字

第五套人民币 5 元微缩文字

图 3－8　第五套人民币各券别微缩文字

图 3－9

2. 摸纸币是否薄厚适中，挺括度好。

【方法三】听：

即通过抖动钞票使其发出声响，根据声音来分辨纸币的真伪。人民币的纸张，具有挺括、耐折、不易撕裂的特点。手持钞票用力抖动、手指轻弹或两手一张一弛轻轻对称拉动，能听到________的声音。

【方法四】测：

即借助一些简单的工具和专用的仪器来分辨纸币的真伪。如借助______可以观察票面线条清晰度，胶、凹印缩微文字等；用__________照射票面，可以观察钞票纸张和油墨的荧光反应；用__________可以检测黑色横号码的磁性。

（四）2015 年版 100 元新钞防伪“七招”

第一，光变镂空开窗安全线：票面右侧设“光变镂空开窗安全线”。当你垂直观察票面时，这条安全线呈现紫红色，而与票面成一定角度观察时，安全线又会呈现绿色；透光观察，你还可以看到安全线中正反交替排列着镂空文字“￥100”字样。

第二，光彩光变数字：中部数字 100 增加了光彩光变效果。垂直观察数字是金色；平视观察则变为绿色。随着观察角度的改变，数字颜色在金色和绿色之间交替变化，还可以看到一条亮光带上下滚动。

第三，人像水印：在票面左侧空白处，在透光观察时就可看到层次分明、清晰可辨的毛泽东头像。

第四，胶印对印图案：在正面左下方和背面右下方，两面都有数字“100”的局部图案。在透光观察的情况下，正背面图案就可以组成一个完整的“100”。

第五，横竖双号码：票面左下方是横号码，冠字和前两位数字是暗红色，后六位数字为黑色；而右侧则是蓝色的竖号码。

第六，白水印：位于刚刚提到的横号码下方，透光观察时，你可以看到透光性很强的水印面额数字“100”。

第七，雕刻凹印：毛泽东头像、国徽、“中国人民银行”行名、右上角面额数字、盲文及背面人民大会堂全部采用雕刻凹印印刷，当用手指触摸时会有明显的凹凸感。

（五）课堂讨论

讨论题目：在银行柜面业务、收银实务中如何快速识别人民币的真伪？

讨论方案：

1. 以小组为单位展开讨论活动，鼓励同学结合实际收银工作畅所欲言，形成各小组的统一意见。
2. 由各小组指派专人上讲台发言，台下学生评价。
3. 由老师作总结性发言，学生记录结论。

参考结论：在银行柜面业务、收银结算实务中识别人民币的真伪时，首先应该保持思想的高度集中；其次坚持按业务流程规范操作（如机器正反面各验一遍后，最好手工再复查一遍；先验大面额钞票后验小面额钞票，先看重点防伪特征后全面查验等）；再次是边点边看、注意手感、不放过疑点、机器检测；最后还要适当观察客户的神情，别忘了做贼心虚哟！

（六）假币鉴别

实训方案：以小组为单位，将收集到的假钞提供给各组学生鉴别。注意提示学生可以从一个或多个防伪特征上寻找突破口，发现伪造的痕迹。最后老师总结假钞的种类、主要伪造特征及快速识别技巧。

（七）人民币鉴别考核

实训要求：分别以第五套人民币 2005 年版和 2015 年版 100 元为样本进行考核。

实训评价等级	实训评价标准
优秀	3 分钟内能迅速说出 11 个识别特征及位置
良好	5 分钟内能迅速说出 11 个识别特征及位置
合格	8 分钟内能迅速说出 11 个识别特征及位置

实训4 Practice

点钞技术

一、实训目的

熟练掌握单指单张和多指多张点钞两种点钞法，要求指法规范、扎把牢固、动作连贯。

二、实训内容

1. 单指单张点钞法；
2. 多指多张点钞法；
3. 点钞通级。

三、实训时间

8学时。

四、实训准备

课前制作点钞教学辅导片或课件、多把练功券、把条。

五、实训指导

（一）观看点钞教学辅导片（35分钟）

（二）复习点钞的基本要求（10分钟）

1. 坐姿端正、触面小。

2. 用品定位适当。按用品定位：钞时使用的点钞券、档板（书立）、海绵缸（配甘油）、腰条、图章、印泥、笔等要按使用顺序固定位置放好，以便点钞时使用顺手。

3. 扇面均匀。

4. 动作连贯。

5. 点数准确。

6. 清理整齐。

7. 扎把牢固。

8. 盖章清晰。

（三）手持式单指单张点钞的操作程序（20 分钟）

1. 持钞。

【要领】（1）左手横持钞票，手掌心朝上，中指与无名指夹住钞票，左手拇指在钞票正面左端约 1/4 处沿钞票侧面向左用力下压翻转，将钞票压成瓦形或微开的扇形。

（2）左手持钞收回到胸前，双臂自然放松。

（3）右手拇指、食指放在钞票的右下角作点钞准备。

2. 清点。

【要领】右手拇指捻动，右手无名指弹拨。

【要求】姿势正确、自然放松；注意手型——手指之间密切配合；手指与钞票接触面小；手指捻动幅度和运动距离小，频率快。

3. 记数。

采用前缀循环记数法：

1、2、3、4、5、6、7、8、9、10
2、2、3、4、5、6、7、8、9、10
3、2、3、4、5、6、7、8、9、10
………
10、2、3、4、5、6、7、8、9、10

【要求】一要精神集中；二要坚持定型操作，坚持复核；三要双手配合，眼睛看钞，脑子计数，手、眼、脑三位一体，有机结合。练习时必须边清点边默记数，否则会造成清点与记数频率不吻合，点不准确。

4. 扎把。

【要领】（1）左手食指将点好的钞票从 1/3 处分开；

（2）右手将把条从 1/4 长度处从点钞券上部插入；

（3）右手将把条按由里到外顺序绕 1 ~2 圈；

（4）当绕到插入处时，用右手大拇指和食指将把条向外折成三角形，插入把条与点钞券之间；

（5）为了扎紧左手拇指等应将点钞券压成凹形。

标准：动作连贯；用手提起第一张或最末张都不会掉出。

5. 拆把。扎好把后，如果原来已经有把条，必须拆把。

要领：左手大拇指勾断原把条，同时放钞。

（四）手持式多指多张点钞法的操作程序（25 分钟）

1. 持钞。

【要领】（1）左右手合理分工；

（2）持钞时左手中指在内，其余手指在外，夹在钞票中端；

（3）用左手食指沿钞票外沿压出一侧斜面，并将钞票压成倒“U”形；

（4）利用左手手腕与手指的加力量将“U”形整体旋转 90 度，使“U”形口朝上；

（5）用左手大拇指压住钞票的右侧斜面；

（6）将持好的钞票移到胸前适当位置作清点准备。

2. 清点。

【要领】（1）右手：四指下张，一次 4 张。

（2）右手四指自然拼拢，弯成弓形。

（3）右手每下几手，左手拇指推动一次，食指松开，然后把住钞票。

（4）左右手协调配合，动作连贯一致。

3. 记数。

【要领】（1）只记手数，不记张数（一手 4 张，25 手即 100 张）。

（2）前缀循环记数法。

4. 扎把。

【要领】同单指单张法。

5. 拆把。

【要领】同单指单张法。

【实训重点】起把与放把；扎把与拆把；清点与记数等动作的连贯性、协调性、准确性。课堂上对以上环节单项训练，逐步过关。

（五）点钞通级（4 学时）

1. 整理点钞券。要求能上课前整理好点钞券。每本券上写好名字、编号，按序号排列好。

2. 按组考核。

（1）顺序：一组、二组、三组、四组。

（2）要求：本组考核时，其他组同学认真训练，保持教室安静。每个项目考核 5 分钟，考核先单指、后多指，每点完一把就扎一把。填写成绩单时，请按表认真填写，特别注意只填错把情况，并且各项错把编号与错张数上下对应填写。

（3）考核组上交整理好的点钞券，老师设错把，并记录所设错把。

（4）发放成绩单，同学填写班级、姓名、考级日期，并在考核项前打“√”。

（5）老师返还已设好错的点钞券，学生核对并按序号放好，准备好把条。

（6）发令：“预备（此时单指或多指第一把起把在手），开始！”4 分 50 秒时，老师口令：“最后 10 秒，9、8、7、6、5、4、3、2、1、停。”

（7）收成绩单，并检查实点把数与扎把松紧等。

（8）返还所抽的零张。

（9）批阅成绩单，宣布本组考级结果，老师登记成绩。

点钞通级成绩记录单

<table>
<tr><td>班级：</td><td>姓名：</td><td>学号：</td><td>座号：</td><td>时间：各 5 分钟</td></tr>
<tr><td rowspan="2">单指单张：
（　）</td><td rowspan="2">共点把数：
（　）把</td><td colspan="3">错把编号：（　）（　）（　）（　）</td></tr>
<tr><td colspan="3">错张数：（　）（　）（　）（　）</td></tr>
<tr><td rowspan="2">多指多张：
（　）</td><td rowspan="2">共点把数：
（　）把</td><td colspan="3">错把编号：（　）（　）（　）（　）</td></tr>
<tr><td colspan="3">错张数：（　）（　）（　）（　）</td></tr>
</table>

（六）在柜面现金收付业务和会计技能大赛中如何做到准、快、好（2 学时）

1. 总体原则：先准后快，准中求快，快中见好。

2. 严遵守现金收付业务的基本程序。现金收存业务基本程序：先收款后记账、先卡大数、再点零数、边卡边点边总。现金付款业务基本程序：先记账后付款、先配大后配小、边配边总、复点平衡后外付。拆捆/把/卷时保存原封签/条/纸，复核无误后才可扔掉。

3. 勤学苦练、持之以恒。有效提高财经基本技能水平应该是有好的态度、正确的目标、高效的执行力和宝贵的经验，正确的目标是放飞成功的跑道，积极进取是取得成功的内因，高效的执行力是成功的关键，而对影响参赛相关因素分析及对策是优秀教练最宝贵的经验。所以，成功 = 正确的目标 + 积极进取 + 高效的执行力 + 宝贵经验。

4. “准”：即清点、记数和识假币要准确无误。为此要做到“一集中、二坚持、三准备、四对清”。

5. “快”：动作协调连贯，心数与手数协调，提高点钞的工作效率。

6. “好”：“五好钱捆”的标准，即点数准确、残钞挑净、平铺整齐、把捆扎紧、盖章清楚。

7. 在各项柜面收付结算业务中应该把握的操作要领是：边点边看、注意手感、不放过疑点、机器检验、动作连贯。

实训 5 *Practice*

电子计算器的应用

一、实训目的

掌握正确的击键指法，在计算器或计算机小键盘上熟练进行数字录入及相关计算，在毕业前达到每分钟 130 键的速度，其中传票需在 20 分钟内打对 12 题。

二、实训内容

1. 基本指法训练；
2. 加减算训练；
3. 账表算训练；
4. 传票算训练；
5. 票币算训练。

三、实训时间

6 ~ 10 课时。

四、实训准备

1. 计算器、夹子、传票及训练试题。
2. 计时秒表。

五、实训步骤

（一）基本指法训练（时间：45 分钟）

1. 实训指导：在小键盘上击键的基本指法是右手食指、中指和无名指分别放在数字“4”、“5”、“6”键为基准的键位上，食指、中指、无名指、小指各负责一竖条四个键，每当敲击完其他键后要迅速回到基准键位上。

具体在计算器上指法的分工是：

- **右手的中指**，在键盘分区中主要负责“8”、“5”、“2”、“00”键，有时也可负责“M－”键的击键工作，一般是将中指放于“5”基本键上。
- **右手的食指**，在键盘分区中主要负责“7”、“4”、“1”、“0”键，有时也可负责“M＋”键的击键工作，一般是将食指放于“4”基本键上。

• **右手的无名指**，在键盘分区中主要负责“9”、“6”、“3”、“.”键，但一般是将无名指放于“6”基本键上。

• **右手的小指**，在键盘分区中主要负责“－”、“＋”、“＝”键的击键工作。

• **按键的技巧**：按键时用力要轻重适度，动作幅度不易太大，手指尽量贴在键面上。当基本指法练熟后，逐步从左看数据右看键盘（即“左顾右看”）变为尽量只看数据、少看或不看键盘，实现“盲打”。

2. 5分钟定数训练：将下列各定数连加5分钟，要求逐步实现“盲打”。

（1）147,258,369

（2）741,852,963

（3）471,582,693

（4）417,528,639

（5）123,456,789

3. 定量不定时训练：将下列各题计时练习一遍，要求先准后快、快中见准、准中求快，逐步进行“盲打”。每做完一题时学生举手，老师报时并记录完成时间。

（1）“666”步步高加减训练：

$1+2+3+\cdots+36=666$　　$666-1-2-3-\cdots-36=0$

（2）“5,050”步步高加减训练：

$1+2+3+\cdots+100=5,050$　　$5,050-1-2-3-\cdots-100=0$

（3）“625”连加连减训练：

先将“625”连加16遍得数是“10,000”，然后再连减16遍，结果是“0”。

（4）“16,835”连加连减训练：先将“16,835”连加3遍得数是“50,505”，连加6遍得数是“101,010”，连加9遍得数是“151,515”，连加12遍得数是“202,020”，连加15遍得数是“252,525”；反过来用得数减去“16,835”若干遍，结果是0。

（5）七盘成（七盘清）：先键入“123,456,789”，然后连加7遍，最后在末位加9，得数是“987,654,321”；用得数连减7遍“123,456,789”，然后在末位减9得数是“123,456,789”。

（6）九盘成（九盘清）：先键入“123,456,789”，然后连加9遍，得数是“1,234,567,890”；用得数连减9遍“123,456,789”，得数是“123,456,789”。

（7）数字一条龙：连加“12,345,679”100 遍，然后再连减 100 遍。从结果上看呈数字一条龙，规律分明，百遍连减分段验证。如果将基数改为“123,456,789”，再做连加连减百遍的练习，结果略有差异（见表 5－1）。

表 5－1　　数字一条龙百遍和

加数 / 和数 / 遍数	没有 8 12,345,679	有 8 123,456,789
9	111,111,111	1,111,111,101
18	222,222,222	2,222,222,202
27	333,333,333	3,333,333,303
36	444,444,444	4,444,444,404
45	555,555,555	5,555,555,505
54	666,666,666	6,666,666,606
63	777,777,777	7,777,777,707
72	888,888,888	8,888,888,808
81	999,999,999	9,999,999,909

4. 实训考核：内容是“666”步步高加法练习；要求 50 钞内准确完成。

5. 数码字书写练习：

（1）每天练习阿拉伯数字书写 12 遍（表 5－2）。

表 5－2

1										2										3										4									
千	百	十	万	千	百	十	元	角	分	千	百	十	万	千	百	十	元	角	分	千	百	十	万	千	百	十	元	角	分	千	百	十	万	千	百	十	元	角	分

续表

1										2										3										4									
千	百	十	万	千	百	十	元	角	分	千	百	十	万	千	百	十	元	角	分	千	百	十	万	千	百	十	元	角	分	千	百	十	万	千	百	十	元	角	分

（2）每天练习汉字大写数字的书写 6 遍。

零、壹、贰、叁、肆、伍、陆、柒、捌、玖、拾、佰、仟、万、亿、元、角、分、整。

（二）加减算训练（时间：45 分钟）

实训指导：采用“一目一行看数键入法”，左手指着每一行数，眼睛迅速看完，大脑同步记住该数，右手快速键入该数。

加算练习题（一）

班级________ 姓名________ 成绩________

要求： 10 分钟打完 10 道题并做对 8 道题以上（表 5－3）。

表 5－3

（一）	（二）	（三）	（四）	（五）
2,718	34	348	3,706	95
43	156	95	584	741
905	8,907	126	12	3,602
67	23	4,082	97	857
4,051	765	61	4,065	23
96	4,091	3,504	38	4,016
832	28	793	921	39
15	742	27	73	64
6,709	16	6,019	2,109	718
824	3,809	54	756	5,203
37	563	835	83	98
5,091	28	26	1,075	136
83	79	4,108	62	4,097
452	6,014	79	894	52
（六）	**（七）**	**（八）**	**（九）**	**（十）**
473	4,108	39	815	3,206
5,206	93	751	76	94
98	762	6,908	24	851
137	59	47	9,301	79
84	6,087	832	87	408
2,019	25	64	5,163	5,367
65	341	1,059	429	203
842	9,576	283	68	85
71	104	15	3,402	4,902
5,608	82	4,706	971	716
94	37	952	56	98
812	2,016	73	478	73
53	384	8,091	15	4,052
6,097	25	64	2,039	61

加算练习题（二）

班级________ 姓名________ 成绩________

要求： 10 分钟打完 10 道题并做对 8 道题以上（表 5－4）。

表 5－4

（一）	（二）	（三）	（四）	（五）
3,685	823	53	8,907	4,357
791	69	861	25	62
204	5,401	9,502	613	809
57	732	46	4,072	15
8,013	95	38	84	2,064
62	634	197	36	793
946	7,086	4,025	159	81
18	57	34	427	29
709	48	629	6,908	58
5,241	203	75	731	46
37	1,974	801	82	3,071
4,012	38	57	15	694
68	6,109	1,364	3,046	103
59	52	2,098	79	5,978

续表

(六)	(七)	(八)	(九)	(十)
89	968	73	7,856	6,035
672	5,034	206	102	87
5,034	71	4,158	39	94
125	25	92	48	1,268
8,703	987	648	2,791	103
46	412	17	65	72
1,251	3,609	3,095	403	49
38	53	234	54	5,076
6,097	186	51	1,097	241
42	7,024	706	38	35
921	32	89	26	907
78	4,805	6,327	198	84
65	97	5,908	425	9,036
403	41	16	3,786	152

加减算练习题（三）

班级________ 姓名________ 成绩________

要求：限时 10 分钟，做对 8 题以上为优秀，做对 7 题为良好，做对 6 题为合格（表 5－5）。

表 5－5

(一)	(二)	(三)	(四)	(五)
952	51,703	792	892,674	70,492
6,410	795	308	39,125	5,683
859,703	6,829	8,506	-803	-8,671
15,367	710	795,681	781	697,425
248	72,436	87,914	-9,102	936
359	398,104	6,875	8,735	-7,964
5,712	502	902	7,062	801
96,204	9,057	230	319	49,630
7,931	832,941	489,306	-4,068	-692
327	4,682	72,108	754	9,647
914	397	417	-312,076	-294,160
807,253	8,174	9,183	417	728
408	6,958	674	9,105	1,205
3,701	726	8,659	-462	-364
8,946	305	5,726	75,298	807
(六)	(七)	(八)	(九)	(十)
3,408	4,062	6,405	837,209	695
567	318	437,159	614	84,503
896	79,307	827	-5,387	-6,459
72,685	296,475	5,810	912	817
432	3,682	893	7,056	-3,075
2,401	547	3,527	-492,135	513,861
623	604	719	3,541	704
1,954	7,569	49,038	81,362	-8,932
347,059	813	921	503	516
2,947	58,436	765,138	-769	82,130
31,568	270	4,025	8,306	3,526
412	894	29,730	-725	-70,824
560,179	4,301	6,532	89,037	937
860	683,429	864	548	-854
7,016	5,042	702	-3,910	4,908

加减算练习题（四）

班级________　　姓名________　　成绩________

要求：限时10分钟，做对8题以上为优秀，做对7题为良好，做对6题为合格（表5－6）。

表5－6

(一)	(二)	(三)	(四)	(五)
7,425	429,256	5,312	9,876	786,175
386	809	403	-708	423
4,307	57,402	3,517	632	-8,704
97,218	354	89,324	503,217	-341
604	45,317	970,219	805	6,108
312,780	9,508	860	-79,843	715,849
432	3,271	5,879	4,105	314
7,907	718,265	501	681	-4,283
524	5,706	6,342	-83,142	8,709
56,273	253	7,905	3,596	-650
687	3,816	571	-972	27,916
592,403	794	698,234	214,764	-48,062
3,248	960	547	8,639	795
921	8,067	80,912	-407	6,457
2,035	623	763	6,750	302
(六)	**(七)**	**(八)**	**(九)**	**(十)**
49,532	658	56,389	728,435	315,972
873,609	4,789	347,518	602	-624
4,721	3,027	4,072	-7,868	512,076
9,235	431	315	497	-43,528
407	51,086	679,031	5,974	653
6,053	312	793	-80,239	34,021
810	5,873	584	213,056	875
674	4,506	14,756	5,231	-2,017
53,816	8,759	2,317	-3,012	6,570
931	601,495	4,102	642	8,341
710,962	72,134	640	-490	607
5,796	231,460	524	26,413	-219
-687	973	608	657	465
905	504	6,853	-906	-5,876
4,638	7,985	9,470	2,192	9,308

（三）账表算训练（时间：45分钟）

实训指导：每张表满分200分。纵向题每题14分，共计70分；横向题每题4分，共计80分，全卷合计150分。能轧平者（即横向合计的和与纵向合计的和相等），再另加50分。

班级________　　姓名________　　成绩________

要求：完成账表算（表5－7），限时20分钟。

表5－7

序数	(一)	(二)	(三)	(四)	(五)	答数
1	42,139,065	5,863	70,491	435,628	9,807,142	
2	9,807,142	10,974	483,562	42,196,053	3,586	
3	5,638	428,356	14,265,039	8,904,217	40,719	
4	40,719	21,453,096	9,801,724	5,368	456,283	
5	462,835	8,902,471	8,635	-90,147	21,439,065	
6	8,965	158,649	27,483,650	37,102	9,307,124	
7	71,203	42,736,580	9,301,742	195,864	-9,658	
8	149,586	3,902,417	9,856	74,258,360	71,203	
9	74,265,830	5,869	23,701	3,904,271	186,495	
10	9,307,124	12,307	164,958	5,986	42,765,830	
11	50,891	5,638,109	4,672	13,950,274	842,736	
12	827,364	7,624	10,985	5,619,308	39,140,572	
13	13,950,274	90,518	836,427	-7,642	6,581,903	
14	6,581,903	873,642	91,320,475	80,159	2,674	
15	4,267	39,140,572	6,593,801	864,273	50,891	
16	968,042	97,025	85,724,136	6,134	3,104,579	
17	78,546,321	982,064	3,109,758	52,074	3,641	
18	3,108,579	57,813,462	6,341	946,028	-29,057	
19	6,413	1,305,987	75,092	78,561,243	968,042	
20	29,057	4,163	924,086	1,307,859	57,832,614	
答数						

实训考核：1. 完成账表算（表5－8），限时5分钟。

表5－8

序数	(一)	(二)	(三)	(四)	(五)	答数
1	1,784	723	43	7,905	2,357	
2	691	49	761	24	62	
3	305	6,401	9,302	513	809	
4	67	532	16	4,072	15	
5	9,013	85	38	83	4,068	
6	52	534	197	36	793	
7	946	7,086	2,035	149	51	
8	18	37	34	427	29	
9	509	48	529	6,508	68	
10	5,241	104	74	781	47	
答数						

2. 完成账表算（表5－9），限时15分钟。

表5－9

序数	（一）	（二）	（三）	（四）	（五）	答数
1	3,685	823	153	8,907	4,357	
2	791	369	861	525	462	
3	204	5,401	9,502	613	809	
4	157	732	846	4,072	615	
5	8,013	495	438	284	2,064	
6	962	634	197	536	793	
7	946	7,086	4,025	159	381	
8	318	157	534	427	429	
9	709	248	629	6,908	158	
10	5,241	203	475	731	546	
11	137	1,974	801	582	3,071	
12	4,012	638	157	815	694	
13	168	6,109	1,364	3,046	103	
14	459	652	2,098	379	5,978	
15	842	364	534	8,047	654	
16	165	157	604	127	872	
17	428	4,908	1,207	5,073	534	
18	7,029	379	813	829	942	
19	584	474	361	346	176	
20	367	9,270	9,137	158	932	
答数						

（四）传票算训练（65分钟）

1. 实训指导：注意计算时的坐姿与握笔的方法；要求先按照传票算的五个环节逐项训练，再按照传票算标准试题和百页传票进行综合训练。

坐姿：头正、腰直；胸部离桌子一拳距离，按键时幅度最小为宜。传票放在左边，计算器放在右边。

握笔：无名指与小指的抓法。

2. 传票算五项基本功训练。

（1）开扇。要求：每页均匀散开，并用铁夹夹住传票的左上角。

（2）找页。要求：做到快而准地找到任意一页。在练习中注意细心体会手感：如10页、20页……90页、100页有多厚，以便翻动最少次数找到题目的起始页。

（3）翻页。翻页用左手：左手小指、无名指、中指三指用以稳定传票本，当起始页之某行数目键入后，拇指掀起一页传票，食指随即将其隔开，夹于食指、中指之间；右手将第二页某行数目加到算盘上后，左手拇指掀起一页食指即将其隔开，夹于食指、中指之间……直到该题最后一页，做到“眼看准，手翻稳，击键迅速”（见图5－1）。

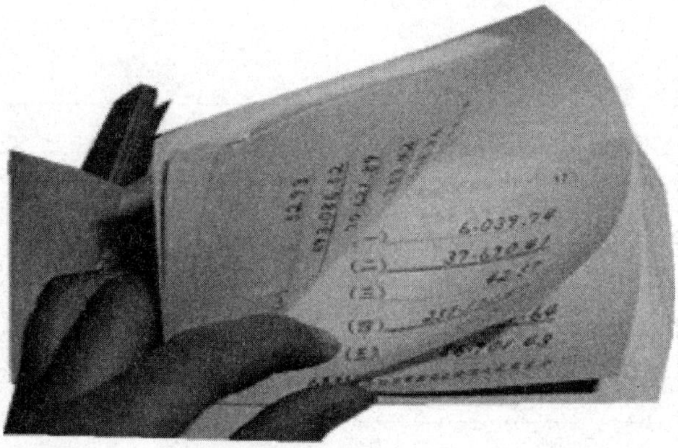

图 5－1　传票翻页

（4）记页。要求：在训练中对运算的数据不要默念，当眼看数字的字形，大脑马上指挥手指击键，心里只需默记页数，如此反复练习，就会习惯记页。

（5）写数。要求：书写数字规范、快速、准确，分节号与小数点标记清楚。

3. 完成表 5－10 中的传票算，限时 20 分钟。

表 5－10

班级________　姓名________　成绩________

序　号	起止页数	行　次	答　案
1	44～63	（二）	
2	28～47	（四）	
3	23～42	（五）	
4	1～20	（一）	
5	69～88	（三）	
6	55～74	（二）	
7	38～57	（三）	
8	29～48	（四）	
9	76～95	（五）	
10	3～22	（一）	
11	30～49	（二）	
12	27～46	（三）	
13	4～23	（四）	
14	26～45	（五）	
15	35～54	（一）	

4. 百页传票算（时间：25 分钟）。将传票上的各行数分别从第 1 页加到第 100 页，并将答数填入表 5－11 中。

表 5－11

答数 行数	1 页至 100 页
一	
二	
三	
四	
五	

5. 电打传票考核：完成表 5－12 中的传票算，限时 20 分钟，打对 12 题为合格。要求：(1) 注意按顺序计算，不跳题；(2) 标明“分节号”、“小数点”；(3) 答数书写认真、清晰。

表 5－12

班级________ 姓名________ 成绩________

序 号	起止页数	行 次	答 案
1	4～23	(三)	
2	25～44	(四)	
3	42～61	(五)	
4	65～84	(一)	
5	80～99	(二)	
6	5～24	(二)	
7	28～47	(三)	
8	49～68	(四)	
9	70～89	(五)	
10	8～27	(一)	
11	30～49	(三)	
12	50～69	(五)	
13	75～94	(四)	
14	16～35	(一)	
15	35～54	(二)	

（五）票币计算实训。(70 分钟)

1. 实训指导：票币计算是指收银员在交班时要填写“现金交款单”，并计算总计金额。这实际上属于“滚乘累加”的计算，在票币计算器上可以用两种方法实现。

(1) 用“GT”键。具体操作程序：循环按“ [被乘数] → [×] → [乘数] → [=] ”四项键，直到所有面额的数量都输入，最后按“GT”键调出合计金额。

操作： [AC] 100 [×] 21 [=] 50 [×] 13 [=] 20 [×] 9 [=] 10 [×] 34 [=] [GT] 显示：3,270

(2) 用“M＋”和“MRC”键。具体操作程序：循环按“ [被乘数] → [×] → [乘数] → [M＋] ”四项键，直到所有面额的数量都输入，最后按“MRC”键调出合计金额。

例如：100×21+50×13+20×9+10×34=3,270

操作：[AC] 100 [×] 21 [M+] 50 [×] 13 [M+] 20 [×] 9 [M+] 10 [×] 34 [M+] [MRC]

显示：3,270。

2. 完成下列票币计算试题。(35 分钟)

面值	张数
壹佰元	38
伍拾元	27
贰拾元	40
壹拾元	17
伍　元	34
贰　元	89
壹　元	58
伍　角	42
贰　角	29
壹　角	35
伍　分	84
贰　分	15
壹　分	78
合　计	

面值	张数
壹佰元	36
伍拾元	81
贰拾元	54
壹拾元	32
伍　元	27
贰　元	10
壹　元	61
伍　角	35
贰　角	67
壹　角	65
伍　分	25
贰　分	32
壹　分	18
合　计	

面值	张数
壹佰元	62
伍拾元	15
贰拾元	68
壹拾元	91
伍　元	31
贰　元	84
壹　元	65
伍　角	37
贰　角	26
壹　角	81
伍　分	56
贰　分	91
壹　分	37
合　计	

面值	张数
壹佰元	58
伍拾元	29
贰拾元	64
壹拾元	17
伍　元	34
贰　元	89
壹　元	58
伍　角	42
贰　角	29
壹　角	35
伍　分	84
贰　分	15
壹　分	78
合　计	

面值	张数
壹佰元	88
伍拾元	26
贰拾元	50
壹拾元	20
伍　元	34
贰　元	87
壹　元	58
伍　角	32
贰　角	28
壹　角	35
伍　分	54
贰　分	65
壹　分	48
合　计	

面值	张数
壹佰元	28
伍拾元	57
贰拾元	60
壹拾元	20
伍　元	31
贰　元	79
壹　元	56
伍　角	32
贰　角	28
壹　角	45
伍　分	87
贰　分	35
壹　分	79
合　计	

面值	张数
壹佰元	56
伍拾元	82
贰拾元	74
壹拾元	31
伍　元	87
贰　元	18
壹　元	67
伍　角	39
贰　角	61
壹　角	68
伍　分	51
贰　分	42
壹　分	28
合　计	

面值	张数
壹佰元	61
伍拾元	17
贰拾元	64
壹拾元	71
伍　元	41
贰　元	86
壹　元	45
伍　角	37
贰　角	46
壹　角	91
伍　分	52
贰　分	71
壹　分	57
合　计	

面值	张数
壹佰元	58
伍拾元	49
贰拾元	63
壹拾元	57
伍　元	34
贰　元	80
壹　元	78
伍　角	45
贰　角	43
壹　角	75
伍　分	84
贰　分	15
壹　分	98
合　计	

面值	张数
壹佰元	58
伍拾元	49
贰拾元	63
壹拾元	57
伍　元	34
贰　元	90
壹　元	78
伍　角	45
贰　角	23
壹　角	75
伍　分	84
贰　分	15
壹　分	98
合　计	

面值	张数
壹佰元	8
伍拾元	26
贰拾元	40
壹拾元	30
伍　元	84
贰　元	79
壹　元	56
伍　角	32
贰　角	29
壹　角	15
伍　分	83
贰　分	95
壹　分	68
合　计	

面值	张数
壹佰元	16
伍拾元	41
贰拾元	55
壹拾元	32
伍　元	27
贰　元	8
壹　元	61
伍　角	35
贰　角	17
壹　角	65
伍　分	45
贰　分	32
壹　分	28
合　计	

面值	张数
壹佰元	52
伍拾元	7
贰拾元	58
壹拾元	91
伍　元	37
贰　元	44
壹　元	65
伍　角	87
贰　角	26
壹　角	91
伍　分	56
贰　分	48
壹　分	37
合　计	

面值	张数
壹佰元	78
伍拾元	24
贰拾元	67
壹拾元	13
伍　元	34
贰　元	81
壹　元	78
伍　角	32
贰　角	2
壹　角	15
伍　分	60
贰　分	31
壹　分	68
合　计	

面值	张数
壹佰元	38
伍拾元	16
贰拾元	34
壹拾元	7
伍　元	64
贰　元	87
壹　元	58
伍　角	32
贰　角	28
壹　角	35
伍　分	54
贰　分	65
壹　分	49
合　计	

面值	张数
壹佰元	14
伍拾元	9
贰拾元	28
壹拾元	36
伍　元	47
贰　元	51
壹　元	19
伍　角	74
贰　角	28
壹　角	61
伍　分	32
贰　分	24
壹　分	91
合　计	

面值	张数
壹佰元	27
伍拾元	51
贰拾元	20
壹拾元	14
伍　元	6
贰　元	92
壹　元	43
伍　角	27
贰　角	16
壹　角	34
伍　分	17
贰　分	29
壹　分	53
合　计	

面值	张数
壹佰元	11
伍拾元	8
贰拾元	37
壹拾元	24
伍　元	16
贰　元	9
壹　元	34
伍　角	62
贰　角	25
壹　角	16
伍　分	38
贰　分	54
壹　分	27
合　计	

面值	张数
壹佰元	21
伍拾元	54
贰拾元	23
壹拾元	37
伍　元	6
贰　元	24
壹　元	61
伍　角	78
贰　角	93
壹　角	34
伍　分	62
贰　分	16
壹　分	28
合　计	

面值	张数
壹佰元	34
伍拾元	21
贰拾元	66
壹拾元	9
伍　元	20
贰　元	13
壹　元	72
伍　角	53
贰　角	34
壹　角	21
伍　分	18
贰　分	36
壹　分	54
合　计	

面值	张数
壹佰元	10
伍拾元	31
贰拾元	28
壹拾元	7
伍　元	24
贰　元	37
壹　元	61
伍　角	24
贰　角	61
壹　角	70
伍　分	21
贰　分	34
壹　分	64
合　计	

面值	张数
壹佰元	94
伍拾元	24
贰拾元	7
壹拾元	31
伍　元	25
贰　元	67
壹　元	11
伍　角	20
贰　角	46
壹　角	62
伍　分	35
贰　分	90
壹　分	40
合　计	

面值	张数
壹佰元	13
伍拾元	70
贰拾元	32
壹拾元	61
伍　元	60
贰　元	87
壹　元	67
伍　角	27
贰　角	43
壹　角	60
伍　分	72
贰　分	25
壹　分	34
合　计	

面值	张数
壹佰元	62
伍拾元	9
贰拾元	24
壹拾元	37
伍　元	81
贰　元	40
壹　元	27
伍　角	31
贰　角	20
壹　角	34
伍　分	70
贰　分	36
壹　分	25
合　计	

面值	张数
壹佰元	5
伍拾元	37
贰拾元	34
壹拾元	95
伍　元	27
贰　元	81
壹　元	61
伍　角	43
贰　角	20
壹　角	60
伍　分	45
贰　分	80
壹　分	16
合　计	

面值	张数
壹佰元	38
伍拾元	57
贰拾元	910
壹拾元	207
伍　元	31
贰　元	79
壹　元	46
伍　角	32
贰　角	28
壹　角	45
伍　分	87
贰　分	35
壹　分	69
合　计	

面值	张数
壹佰元	56
伍拾元	82
贰拾元	74
壹拾元	31
伍　元	87
贰　元	18
壹　元	67
伍　角	29
贰　角	51
壹　角	68
伍　分	251
贰　分	42
壹　分	728
合　计	

面值	张数
壹佰元	321
伍拾元	17
贰拾元	284
壹拾元	71
伍　元	41
贰　元	86
壹　元	55
伍　角	67
贰　角	46
壹　角	91
伍　分	52
贰　分	91
壹　分	57
合　计	

面值	张数
壹佰元	18
伍拾元	49
贰拾元	63
壹拾元	57
伍　元	34
贰　元	890
壹　元	78
伍　角	95
贰　角	243
壹　角	75
伍　分	84
贰　分	55
壹　分	68
合　计	

面值	张数
壹佰元	63
伍拾元	49
贰拾元	91
壹拾元	57
伍　元	34
贰　元	840
壹　元	78
伍　角	15
贰　角	243
壹　角	65
伍　分	34
贰　分	165
壹　分	37
合　计	

3. 票币计算考核：完成下列票币计算试题，要求 15 分钟内完成。

面值	张数
壹佰元	20
伍拾元	35
贰拾元	8
壹拾元	17
伍　元	23
贰　元	77
壹　元	51
伍　角	54
贰　角	81
壹　角	60
伍　分	31
贰　分	24
壹　分	61
合　计	

面值	张数
壹佰元	54
伍拾元	21
贰拾元	8
壹拾元	21
伍　元	45
贰　元	47
壹　元	15
伍　角	10
贰　角	36
壹　角	52
伍　分	31
贰　分	80
壹　分	20
合　计	

面值	张数
壹佰元	23
伍拾元	90
贰拾元	32
壹拾元	61
伍　元	40
贰　元	85
壹　元	57
伍　角	17
贰　角	23
壹　角	50
伍　分	62
贰　分	24
壹　分	14
合　计	

面值	张数
壹佰元	42
伍拾元	8
贰拾元	29
壹拾元	37
伍　元	31
贰　元	10
壹　元	27
伍　角	51
贰　角	20
壹　角	74
伍　分	90
贰　分	34
壹　分	85
合　计	

面值	张数
壹佰元	8
伍拾元	47
贰拾元	24
壹拾元	75
伍　元	21
贰　元	83
壹　元	51
伍　角	43
贰　角	10
壹　角	60
伍　分	55
贰　分	50
壹　分	13
合　计	

面值	张数
壹佰元	8
伍拾元	51
贰拾元	10
壹拾元	20
伍　元	41
贰　元	75
壹　元	43
伍　角	12
贰　角	28
壹　角	25
伍　分	87
贰　分	15
壹　分	63
合　计	

面值	张数
壹佰元	46
伍拾元	2
贰拾元	74
壹拾元	31
伍　元	67
贰　元	18
壹　元	57
伍　角	29
贰　角	21
壹　角	68
伍　分	81
贰　分	42
壹　分	78
合　计	

面值	张数
壹佰元	21
伍拾元	17
贰拾元	24
壹拾元	7
伍　元	41
贰　元	56
壹　元	55
伍　角	67
贰　角	46
壹　角	91
伍　分	82
贰　分	91
壹　分	47
合　计	

面值	张数
壹佰元	14
伍拾元	39
贰拾元	63
壹拾元	57
伍　元	4
贰　元	50
壹　元	78
伍　角	45
贰　角	23
壹　角	75
伍　分	84
贰　分	15
壹　分	62
合　计	

面值	张数
壹佰元	23
伍拾元	49
贰拾元	91
壹拾元	67
伍　元	34
贰　元	80
壹　元	78
伍　角	15
贰　角	3
壹　角	65
伍　分	34
贰　分	65
壹　分	37
合　计	

面值	张数
壹佰元	68
伍拾元	47
贰拾元	90
壹拾元	17
伍　元	31
贰　元	9
壹　元	46
伍　角	32
贰　角	18
壹　角	45
伍　分	37
贰　分	35
壹　分	79
合　计	

面值	张数
壹佰元	46
伍拾元	82
贰拾元	74
壹拾元	31
伍　元	27
贰　元	18
壹　元	67
伍　角	59
贰　角	41
壹　角	8
伍　分	71
贰　分	42
壹　分	76
合　计	

面值	张数
壹佰元	21
伍拾元	7
贰拾元	18
壹拾元	41
伍　元	14
贰　元	56
壹　元	35
伍　角	97
贰　角	16
壹　角	41
伍　分	52
贰　分	31
壹　分	77
合　计	

面值	张数
壹佰元	12
伍拾元	29
贰拾元	3
壹拾元	47
伍　元	34
贰　元	50
壹　元	68
伍　角	52
贰　角	13
壹　角	65
伍　分	74
贰　分	35
壹　分	98
合　计	

面值	张数
壹佰元	53
伍拾元	48
贰拾元	9
壹拾元	57
伍　元	34
贰　元	70
壹　元	48
伍　角	15
贰　角	23
壹　角	65
伍　分	34
贰　分	15
壹　分	27
合　计	

实训 6 *Practice*

收银员礼仪

一、实训目的

通过自训、老师示范、请同学示范等实训方法，掌握收银员基本的仪容仪表、服务语言和行为举止礼仪，使我们的学生达到收银员的礼仪要求。实训时要求严格按照实训规范进行。

二、实训内容

1. 仪容仪表；
2. 行为举止礼仪；
3. 服务语言。

三、实训时间

2 学时。

四、操作标准

（一）仪容仪表规范

1. 头发。

（1）保持头发清洁整齐，经常洗头、剪发。

（2）头发不可遮及眉毛，发型不得过于夸张、怪异，不得将头发染成黑色以外的任何其他颜色。

（3）头发应整理得体，过肩长发必须束扎盘结，头饰造型不得过于夸张，颜色不得鲜艳。

2. 化妆服饰。

（1）收银员上班必须化妆（淡妆），口红、眉毛需涂描得体，不得浓妆艳抹。

（2）指甲须短而干净，不得留长指甲。使用指甲油时，只可涂无色或肉色，且每只指甲均应涂上相同的颜色。

（3）工作时间不得戴有色眼镜。

（4）除了手表以外，可佩带无镶嵌物的戒指一枚，不得佩带大圈或带坠耳环，不得戴项链、手链或脚链，以免妨碍工作。

（5）制服需清洁、整齐，发现破损应及时修补。

（6）工装拉链必须拉上，长袖衬衣需扣紧袖口，衬衣下摆应扎放在裤、裙内，着长裤时要用皮带。

（7）着裙装时，应穿长袜，长袜不得短于裙子的下摆，并一律为肉色。衬衣钮扣必须扣好。

（8）胸卡填写的内容需规范齐全，外套和内芯无破损、污渍。

（9）胸卡一律佩带于制服外衣的左胸，不得佩带无照片或经涂改的胸卡。

（10）不得穿拖鞋、凉鞋、草鞋或雨靴。

（二）行为举止礼仪

1. 站姿。

要求：头端目正，下肢微收，双肩平正并稍向后张，右手放在左手上，虎口交叉相握，自然垂直放于体前。挺胸、收腹、提臀；双膝尽量靠拢，脚尖成30度张开（其间距以一拳为宜），脚跟并靠；身体中重心自两腿间垂直向下，全身重量均匀分布于双脚，不集中于脚跟或脚尖。

2. 坐姿。

要求：头部端正，上身平直，上腭稍向前送，目光目视前方；挺胸，直腰，身体重心集中在腰部，双手自然放于腿上，两腿并拢，双膝相靠，腿自然弯曲，小腿与地面垂直，双脚并拢平放于地面，两脚前后放置相差不超过半个脚长。

3. 步姿。

要求：上身平直端正，稍向前倾（3～5度），双目平视前方，两肩左右相平，不前后左右摇晃。行走时，双手五指自然并拢，两臂以肩为轴自然摆动，前摆时肘关节稍微弯曲，后摆时幅度不宜过大（30～35度），不用力甩腕；双腿在行走过程中直而不僵，走步时，脚尖方向要端正，双脚沿直线平行向前，步幅不宜过大，步频不宜过快。

4. 手势。

指引手势：五指并拢，掌心朝上，手臂以肘关节为轴，自然从体前上扬并向所指方向伸直（手臂伸直后应比肩低），同时上身前倾，头偏向指示方向并以目光示意。

交谈手势：与人交谈使用手势时，动作不宜过大，手势不宜过多，不要用拇指指向自己（应用手掌轻按左胸），不要击掌或拍腿，更不可手舞足蹈。

5. 微笑。

要求：笑容甜美，要温和友好，自然亲切，恰到好处，给人以愉快、舒适、动人的感觉。真诚，微笑要发自内心，是内心喜悦和真实情感的流露。始终如一，每位员工在任何时候、任何场合、对任何人都应微笑相待。练习时要培养敬业爱岗、乐业的思想，同时加强心理素质的锻炼，提高自身的素质。

6. 营业现场礼仪和顾客接待礼仪。

（1）收银员在工作时应随时保持笑容，以礼貌和主动的态度来接待和协助顾客。与顾客接触时，必须带有感情，而不是表现出虚伪、僵化的表情。

（2）当顾客发生错误时，切勿当面指责，应以委婉有礼的口气为顾客解说。

（3）收银员在任何情况下，皆应保持冷静与清醒，控制自身的情绪，切勿与顾客发生争执。

（4）员工与员工之间切勿大声呼叫或彼此闲聊，需要同事协助时，应尽量使用叫人铃钟。

（三）服务语言规范

1. 正确的待客用语。

在适当的时机与顾客打招呼，不仅可以缩短顾客和收银员之间的距离，建立良好的关系，还可以活跃卖场的气氛。只要收银员能够友善、热心地对待顾客，顾客亦会以友善的态度来回馈收银员。

收银员与顾客接触时，除了应将“请”、“谢谢”、“对不起”随时挂在口边之外，还有以下一些常用的待客用语：

□“欢迎光临/您好!”（当顾客走近收银台或服务台时）

□“对不起，请您稍等一下。”（欲离开顾客，为顾客做其他服务时，必须先说这句话，同时将离开的理由告知对方，例如“我马上去仓库查一下”）

□“对不起，让您久等了”。（当顾客等候一段时间时）

□“是的/好的/我知道了/我明白了。”（顾客在叙述事情或接到顾客的指令时，不能默不吭声，必须有所表示）

□“谢谢！欢迎再次光临!”（当顾客结束购物时，必须感谢顾客的惠顾）

□“总共××元/收您××元/找您××元。”（为顾客做结账服务时）

□“真抱歉/对不起。”（遇到由于自己疏忽或的确没有解决办法时）

□“若是您喜欢的话，请您……”（提供意见让顾客决定时）

□“实在是很抱歉，请问您……”（希望顾客接纳自己的意见时）

□“您的意思怎么样呢?”（当提出几种建议请顾客选择时）

2. 状况用语。

由于顾客需求的多样性和复杂性，难免会有不能满足的情况出现，使顾客产生抱怨，而这种抱怨又常会在付账时对收银员发出，因此，收银员应掌握一些正确的状况用语。

（1）遇到顾客抱怨时。

应先将顾客引到一旁，仔细聆听顾客的意见并予以记录，如果问题严重时，立即请主管出面向顾客解释。其用语为：“是的，我明白您的意思。我会将您的建议呈报店长并且尽快改善，或者请您直接告诉店长。”

（2）顾客抱怨买不到货品时。

向顾客致歉，并且给予建议。其用语为：“对不起，现在刚好缺货，让您白跑一趟，您要不要先买别的牌子试一试?”或者：“您要不要留下您的电话和大名，等新货到时立刻通知您”。

（3）不知如何回答顾客的询问，或者对答案没有把握时。

遇到此种情况，绝不可回答“不知道”，应回答“对不起，请您等一下，我请店长（或其他主管）来为您解释”。

（4）顾客询问商品是否新鲜时。

要以肯定、确认的态度告诉顾客：“一定新鲜，如果买回去不满意，欢迎您拿来退钱或者换货”。

(5) 顾客要求包装所购买的礼品时。

微笑地告诉顾客：“好的，请您先在收银台结账，再麻烦您到前面的服务台（同时做出指引的手势)，有专人为您包装。”

(6) 当顾客询问特价品讯息时。

口述数种特价品，同时拿宣传单给顾客，并告诉对方：“这里有详细的内容，请您慢慢参考选购，祝您购物愉快”。

(7) 本收银台收银空闲，而顾客又不知道要到何处结账时。

应该说：“欢迎光临，请您到这里结账好吗（以手势指向收银台，并轻轻点头示意）。”

(8) 有多位顾客等待结账，而最后一位表示只买一样东西，且有急事等办时。

此时可对第一位顾客说：“对不起，能不能先让这位只买一件商品的先生（小姐）先结账，他好像很急。”当第一位顾客答应时，应再对他说声“谢谢!”当第一位顾客不答应时，应对提出要求的顾客说：“很抱歉，大家好像都很急。”

(四) 禁用语

□“不知道，你去问别人。”

□“卖光了，没有了，货架上找不到就没有了，你自己再去找找看。”

□“那你想怎么样?!”

□“有本事去告好了!”

□“讲话要讲点道德，现在是文明社会。”

□“你是不受欢迎的顾客!”

□“偷了东西就得罚款!”

模拟现场：（两个学生分别扮演顾客及收银员）

顾客进店，走到附近收银台问收银员：“喂，小姐，你们超市今天有什么促销活动?”收银员：“有啊，今天金龙鱼油一桶只卖40元，富士苹果1块3一斤，这里有详细内容，请您慢慢参考选购。”同时，拿出一份宣传单递给顾客。

顾客选购完商品，在出口处东张西望找人少的收银台。收银员看见后说：“欢迎光临，请您到这里结账好吗?”

顾客来到收银台，收银员帮顾客将所有商品放在收银台上，并一一扫描结算，总计金额206元，并对顾客说：“您的商品共计206元。”顾客掏出210元，收银员收钱同时唱收“收您210元。”正确找出零钱后将零钱及小票交到顾客手里，并唱付“找您4元，请收好，欢迎下次光临”。

顾客拿到钱后对收银员说：“你们这里鸡蛋只卖3元，晓得新不新鲜?”收银员回答：“一定新鲜，如果买回去不满意，欢迎您拿来退钱或者换货”。

五、课堂讨论题

1. 5月1日，某大型超市内人头攒动，因为过节，所以来购物的人特别多。除了卖场之外，人最多的地方莫过于收银台了。平均每个收银台前都有将近二十位顾客。此时的收银员都忙碌而有序地收着款。突然在 3 号收银台前，顾客与收银员发生争执。原来是该收银台的收款机突然死机，导致收款工作停止。这时，收银主管赶到现场，先安抚顾客情绪，询问顾客后得知，他并不是因为暂时无法收款而生气，而是看见该名收银员在这种情况下所表现出来的职业素质令他气愤。他说，该名收银员在突然死机后一句话都没说，低头清理钱箱，有人问怎么不收了，她拍着收款机说："你没看到啊，电脑坏了"。过了几分钟，她既没处理收款机故障也没安抚顾客的情绪，自己做自己的事情。这位顾客忍无可忍才和她争执起来。"对不起，我们一定会检讨我们的工作失误，对这名收银员强化培训服务礼仪方面的知识。那麻烦您到旁边收银台交款。"收银主管面带微笑地对顾客说。这时 3 号收银台的顾客分散到其他收银台交款，现场恢复了秩序。

事后，该名收银员接到了处罚单，并要求培训一个月的服务礼仪课程。如果你是收银员，正确的做法是怎样的呢?

2. 有位姓张的顾客到超市购物，到收银台进行结账时，才发现身上现金不够，也没带信用卡，这时的收银员已将全部商品扫描，当顾客说明情况后，收银员应如何操作?

答案 A:

收银员很不耐烦地说："没带够钱还逛超市，开什么玩笑。"边说边把整单删除，顾客十分难堪。

答案 B:

收银员态度温和地对顾客说："别急，您就挑选几样必须要买的商品，在您能承受范围之内的，其余的以后再来买吧。"顾客甚是感激地选了几样要买的商品，收银员把不要的商品删除，对购买的商品进行结账。

实训 7 *Practice*

系统功能

任务一　系统参数设置

一、实训目的

熟悉本公司的基本信息、前台功能及后台功能设置。

二、实训内容

拟开一家知音超市，将超市基本信息、小票打印格式和内容、后台相关功能进行设置。

三、操作流程

1. 输入超市基本信息；
2. 通过“□”内打“√”选择需要的相关前后台功能。

四、操作提示

1. 前台功能设置：
报表标题：设置“知音超市欢迎您”。
报表脚注：设置地址××市××路××号。
附属脚注：设置“谢谢惠顾，欢迎再次光临”。
2. 后台功能应符合常理。

任务二　操作员设置

一、实训目的

掌握设置前台操作员的相关操作。

二、实训内容

将自己及5名同学设为前台收银员。

三、操作流程

系统功能→操作员设置→{新建、删除、编辑}

- 新建
- 删除
- 编辑

四、操作提示

1. 前台的工号就是该操作员的编号；
2. 密码设为888888；
3. 在“□是否为前台收银员”内打“√”；
4. 编辑用于修改操作员基本信息。

任务三　权限设置

一、实训目的

了解收银员的操作权限，能够做什么，不能做什么。职务不同，操作权限也不同。

二、实训内容

将已设置的前台收银员给予不同权限。

三、操作流程

系统功能→权限设置

四、操作提示

1. 进入权限设置界面后，首先选择需要设置的操作员，打钩表示可以操作该功能，否则表示没有该操作权限。
2. 将所有的权限给自己（即全部选定），方便前台操作。

任务四　初始密码

一、实训目的

掌握操作员的密码忘了该如何处理。

二、实训内容

将部分同学的密码改为初始密码。

三、操作流程

系统功能→初始密码→选择操作员→设置。

四、操作提示

设置成功后，该操作员的密码为“111111”。

任务五　更改密码

一、实训目的

掌握更改密码的方法。

二、实训内容

将自己现在的密码更改为自己熟悉的密码。

三、操作流程

系统功能→更改密码。

四、操作提示

确定后前台操作的密码更改为新的密码。

任务六　数据备份

一、实训目的

掌握备份数据的操作，以便系统发生崩溃或感染病毒时急用。

二、实训内容

在D盘建立一个以班级和自己姓名为名称的文件夹，将每次上机的内容备份到此文件夹中。

三、操作流程

系统功能→数据备份。

四、操作提示

1. 将后台系统最小化，打开“我的电脑”，在D盘中建立一个以班级和自己姓名为名称的文件夹。

2. 进入数据备份后，要选择备份路径，找到D盘中自己的文件夹。

任务七　数据恢复

一、实训目的

掌握数据恢复的操作。

二、实训内容

每次上机时，先将数据恢复为上一次本操作员上机的数据。

三、操作流程

系统功能→数据恢复。

四、操作提示

1. 恢复数据的路径要选择D盘中自己的文件夹。
2. 恢复数据最好选择最近一次备份的数据。

任务八　删除数据、数据清空

一、实训目的

了解数据清空与数据删除的区别。有可能作数据清空的原因有：开业前的练习数据需要全部清除或是数据确实不需要了。

二、实训内容

删除部分时间段的数据，清空部分内容的数据。

三、操作流程

系统功能→删除数据。
系统功能→数据清空。

四、操作提示

删除数据有时间段的选择，而数据清空是清空所有的数据，所以在做数据清空时要特别注意。

任务九　收银员操作记录

一、实训目的

了解怎样查询每个收银员的特殊操作情况，如改价、打折、退货、删除销售记录、赠送、抹零等操作，防止作弊。

二、实训内容

进行前台收银操作后来此查询。

三、操作流程

系统功能→收银员操作记录。

实训 8 *Practice*

信息档案

任务一　商品分类设置

一、实训目的

掌握商品分类的设置及修改。

二、实训内容

参照超市销售的商品类别进行类别设置、修改、删除等操作。

1. 副食类：烟酒、饮料、食品；
2. 日用品类；
3. 床上用品类。

三、操作流程

信息档案→商品分类→

- 1. 新建
  - 新建大类（点击“新的大类”按钮）
  - 新建子类（点击某大类，在大类下点“新的子类”按钮）
- 2. 修改→点击“修改类别”按钮
- 3. 删除→点击“删除类别”按钮

→保存（点击“确定”按钮）

四、操作提示

1. 分类必须明确，方便易记。
2. 删除类别时要注意，如果该大类中已有子类或者有商品，则该类不能删除。

任务二　类别代码设置

一、实训目的

掌握商品类别代码的设置。

二、实训内容

将任务一设置的商品类别按表 8 - 1 进行类别代码设置。

表 8－1

商品类别	类别代码
副食类	01
日用品类	02
床上用品类	03
副食类/烟酒	0101
副食类/饮料	0102
副食类/食品	0103

三、操作流程

信息档案→类别代码→选择一个类别→点击“设置”按钮或双击该类→弹出输入框→输入代码→点击“确定”。

四、操作提示

1. 代码可以是英文字母，也可以是数字，一般不要用汉字。
2. 类别代码不能重复，如果该类中已有商品，类别代码不可更改。

任务三　商品档案设置

一、实训目的

掌握商品基本信息、单位及定价等相关操作。

二、实训内容

按所给资料，进行商品档案的新建、修改、删除等操作。

1. 新建商品档案，见表 8－2。

表 8－2

商品条码	商品名称	规格	单位	进价	零售价	批发价
6914568987354	庐山牌香烟	20 支	盒	5.00	6.00	5.80
6914568987788	庐山牌香烟	10 盒	条	50.00	56.00	55.00
6925498732054	品客薯片	100 克	罐	8.00	12.00	11.50
6927958215488	大白兔奶糖	200 克	袋	3.20	4.00	3.80
6935487984444	黄鹤楼白酒	500ml	瓶	12.00	15.00	14.00
6925448777776	屈臣氏面膜粉	100 克	袋	6.80	8.00	7.00

续表

商品条码	商品名称	规格	单位	进价	零售价	批发价
6915546833355	碧浪洗衣粉	500 克	袋	3.00	4.00	3.50
6925587773494	怡景纯净水	500ml	瓶	0.80	1.00	0.90
6935487777346	丝袜	24～26	双	1.00	1.50	1.40
6915432133269	利群牌香烟	20 支	盒	12.00	13.00	12.50
6923414446799	舒蕾洗发水	300ml	瓶	20.00	23.00	22.00
6914687933974	顺爽洗发水	300ml	瓶	19.00	22.00	21.00

2. 将表 8－3 中的商品档案进行修改。

表 8－3

商品条码	商品名称	规格	单位	进价	零售价	批发价
6925498732054	品客薯片	100 克	罐	8.00	11.00	10.50
6927958215488	大白兔奶糖	200 克	袋	3.20	3.80	3.60

3. 将表 8－4 中的商品档案进行删除。

表 8－4

商品条码	商品名称	规格	单位	进价	零售价	批发价
6935487777346	丝袜	24～26	双	1.00	1.50	1.40

三、操作流程

信息档案→商品档案→
1. 新建：先选择要新建商品所属类别，再点击“新建”按钮（基本信息和单位及定价）。
2. 修改：选中要修改的商品，点击“修改”按钮。
3. 删除：点击要删除的商品，按“删除”按钮。

→保存（点击“确定”按钮）

四、操作提示

1. 类别代码未设置的商品类别，不能在此类别下新建商品档案。

2. 某商品如已经有了业务往来，比如有进货或销售，那么该商品不能进行删除操作。

3. 庐山牌香烟属于同一商品有两个条码，应在一个商品信息中建立。具体操作如下：将一盒的条码输到自编码/条码栏，基本单位是盒；将一条的条码在辅助条码中进行设置，选择该条码为小件单位；最后在“单位及定价”中将一条烟的价格输入在“小件单位”一栏。

任务四　地 区 设 置

一、实训目的

掌握地区设置的新建、删除、修改操作。

二、实训内容

1. 新建五个地区（“北京”、“广州”、“深圳”、“上海”、“武汉”）。
2. 将地区“广州”修改为“重庆”。
3. 删除掉地区“上海”。

三、操作流程

信息档案→地区设置→{增加 / 修改 / 删除}→确定

任务五　货商档案、客户档案设置

一、实训目的

掌握供应商档案及客户档案的相关设置。

二、实训内容

本企业供应商资料见表 8－5，请进行相关操作。

表 8－5

供应商编号	供应商名称	地区	电话	联系人	……
1001	北京华联有限公司	北京	010—55889966	张三	……
2001	武汉可口可乐公司	武汉	027—88669922	李四	……
3001	重庆百胜公司	重庆	023—22668877	王五	……
4001	深圳威利公司	深圳	0599—87425123	丁一	……

本企业除零售客户外，还有其他类型客户，见表 8－6，请进行相关操作。

表 8－6

客户编号	客户名称	地区	电话	联系人	客户类型	……
0985	张艳	北京	010—55886655	张艳	储值卡	……
0986	李光	武汉	027—88663315	李光	储值卡	……
0987	王群	重庆	023—22667983	王群	储值卡	……
0988	丁雄	深圳	0599—87425883	丁雄	储值卡	……
6001	小白羊超市	重庆	023—22667777	沈娟	批发客户	……
6002	大山羊超市	深圳	0599—87425555	何芳	批发客户	……

三、操作流程

信息档案 → 货商档案 / 客户档案 → {新建 / 删除 / 修改} → 确定

四、操作提示

1. 如果一次性要输入很多供应商和客户，则只需在新建界面中直接点击“新建”按钮即可输入。

2. 地区设置中如设置有地区，在地区栏只需点下拉按钮进行选择即可。

3. 供应商和客户编号可用英文字母或数字。

4. 如需删除某供应商或客户的资料，则只需选中该客户，然后按“删除”即可。在此需要注意的是，如果本商场与该供应商或客户已经有过业务往来，则不能进行删除操作。

5. 客户档案中的客户类型是必选项目。

任务六　部 门 设 置

一、实训目的

掌握员工所在部门的相关设置。

二、实训内容

本企业共有五个部门（见表 8－7），请进行增加、删除、修改等操作。

表 8－7

部　　门	负　责　人
收银部	钱　康
销售部	王明明
储运部	丁　晓
采购部	严一铭
保安部	张　丽

三、操作流程

信息档案→部门设置→{增加 / 删除 / 修改}→确定

任务七　员工档案测量

一、实训目的

掌握员工的一些基本信息的设置。

二、实训内容

本企业共有 9 名员工，具体信息如表 8 –8 所示。

表 8 –8

员工编号	员工姓名	性别	部门	……
0001	钱　康	女	收银部	……
0002	王明明	男	销售部	……
0003	丁　晓	男	储运部	……
0004	严一铭	女	采购部	……
0005	张　丽	男	保安部	……
0006	李　晗	男	收银部	……
0007	陈雪飞	男	收银部	……
0008	沈之言	男	收银部	……
0009	刘　浅	男	收银部	……

三、操作流程

信息档案→员工档案→{新建 / 删除 / 修改}→确定

四、操作提示

1. 在新建输入界面中，如果一次性要输入很多的员工，则只需在新建的界面中直接点击“新建”即可输入。

2. 如需对已有的员工进行修改，则只需选择到该员工，然后点击“编辑”按钮，系统会弹出员工修改界面，然后输入需要修改的项目，点击“确定”按钮即可保存，如果不想保存输入的信息，则按“取消”键。

任务八　结算方式、收支账户设置

一、实训目的

掌握结算方式和收支账户的相关设置。

二、实训内容

本企业支持的结算方式及设置的收支账户如下表所示：

结算方式	账户设置
现金	现金（101）
支票	银行存款（102）
信用卡	建行存款（10201）
储值卡	工行存款（10202）

三、操作流程

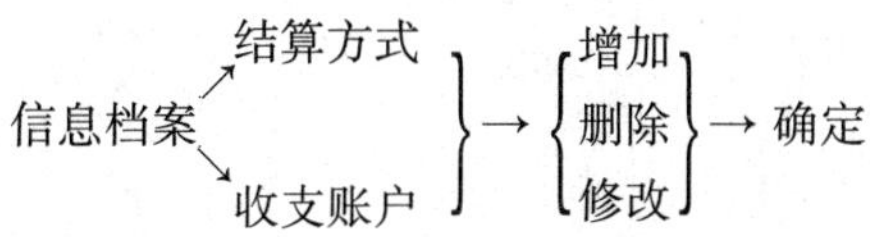

四、操作提示

修改收支账户时，如果该账户已经有过业务往来就不能进行修改编号和余额的操作。

实训9 Practice

进 货 管 理

任务一 采购订货单

一、实训目的

掌握采购订货单的相关操作。

二、实训内容

按表9-1的资料建立一张采购订货单。

表9-1

商品条码	商品名称	规格	单位	数量	进价	零售价	批发价	供应商
6914568987354	庐山牌香烟	20支	盒	100	5.00	6.00	5.80	1001
6914568987788	庐山牌香烟	10盒	条	100	50.00	56.00	55.00	1001
6925498732054	品客薯片	100克	罐	50	8.00	12.00	11.50	1001
6927958215488	大白兔奶糖	200克	袋	100	3.20	4.00	3.80	1001
6935487984444	黄鹤楼白酒	500ml	瓶	200	12.00	15.00	14.00	1001
6925448777776	屈臣氏面膜粉	100克	袋	50	6.80	8.00	7.00	1001
6915546833355	碧浪洗衣粉	500克	袋	200	3.00	4.00	3.50	1001
6925587773494	怡景纯净水	500ml	瓶	200	0.80	1.00	0.90	1001
6915432133269	利群牌香烟	20支	盒	100	12.00	13.00	12.50	1001
6923414446799	舒蕾洗发水	300ml	瓶	50	20.00	23.00	22.00	1001
6914687933974	顺爽洗发水	300ml	瓶	50	19.00	22.00	21.00	1001

三、操作流程

采购订货单→
- 新建（点击“采购订货单”图标即生成一张新的订货单）
- 查询修改（点击“浏览”按钮，输入查询条件，选中订货单，调出即可修改）
- 删除（点击“浏览”按钮，选中要删除的订货单，调出按“删除”即可）

→保存

四、操作提示

1. 生效后不影响库存数量和应付款。

2. 新建采购订货单中商品自编码/条码，可手动输入，也可双击选择。

3. 如要删除某行，首先将光标移到要删除的商品条目上，然后按 Ctrl + Delete 键即可。

4. 将所有要订货的商品输入完成后，最后点击“保存”，系统便提示“已生效”状态，如果没有点击“保存”的话，那么提示信息便是“未生效”。

任务二　入库验收单

一、实训目的

掌握入库验收单的相关操作。

二、实训内容

任务一的采购订货单到货，办理入库。

三、操作流程

入库订货单→
- 新建（点击“入库订货单”图标即生成一张新的入库订货单）
- 查询修改（点击“浏览”按钮，输入查询条件，选中入库单，调出即可修改）
- 删除作废（点击“浏览”按钮，选中入库单，调出按“删除”或“作废”即可）

→保存

四、操作提示

1. 生效后库存数量增加，应付款增加。

2. 新建入库验收单中商品自编码/条码，可手动输入，也可双击选择。

3. 新建入库验收单时，如要删除某行，首先将光标移到要删除的商品条目上，然后按 Ctrl + Delete 键即可。

4. 删除和作废入库验收单时，如果操作员没有权限的话，那么就不能删除和作废，如果在参数设置中设置单据作废方式是彻底删除，那么该单以后便查询不到；如果是选择红字冲单，那么该单变为红色，统计入库数据将不会把此单统计进去。

5. 将所有要订货的商品输入完成后，最后按“保存”键，系统便提示“已生效”状态，如果没有点击“保存”的话，那么提示信息便是“未生效”。保存时系统会弹出对话框，显示合计金额、已付款、本次付款和结算方式，本次付款多少就在本次付款中输入多少，最后按“确定”即可。

任务三　采购退货单

一、实训目的

掌握采购退货单的相关操作。

二、实训内容

任务二中已办理入库的商品部分出现质量问题，需办理退货（见表9－2）。

表9－2

商品条码	商品名称	规格	单位	数量	进价	零售价	批发价
6914568987354	庐山牌香烟	20支	盒	10	5.00	6.00	5.80
6925498732054	品客薯片	100克	罐	2	8.00	12.00	11.50
6927958215488	大白兔奶糖	200克	袋	2	3.20	4.00	3.80
6935487984444	黄鹤楼白酒	500ml	瓶	3	12.00	15.00	14.00
6925448777776	屈臣氏面膜粉	100克	袋	2	6.80	8.00	7.00
6915546833355	碧浪洗衣粉	500克	袋	5	3.00	4.00	3.50

三、操作流程

采购退货单→
- 新建（点击“采购退货单”图标即生成一张新的采购退货单）
- 查询修改（点击“浏览”按钮，输入查询条件，选中退货单，调出即可修改）
- 删除作废（点击“浏览”按钮，选中退货单，调出按“删除”或“作废”即可）

→保存

四、操作提示

1. 生效后库存数量减少，应付款减少。

2. 新建采购退货单中商品自编码/条码，可手动输入，也可双击选择。

3. 新建采购退货单时，如要删除某行，首先将光标移到要删除的商品条目上，然后按Ctrl＋Delete键即可。

4. 删除和作废采购退货单时，如果操作员没有权限的话，那么就不能删除和作废，如果在参数设置中设置单据作废方式是彻底删除，那么该单以后便查询不到；如果是选择是红字冲单，那么该单变为红色，统计入库数据将不会把此单统计进去。

5. 将所有要退货的商品输入完成后，最后点击“保存”，系统便提示“已生效”状态，如果没有点击“保存”的话，那么提示信息便是“未生效”。保存时系统会弹出对话框，显示合计金额、已收款、本次收款和结算方式，本次收款多少就在本次收款中输入多少，最后按“确定”即可。

任务四　货商结算单

一、实训目的

掌握货商结算单的相关操作。

二、实训内容

将任务二、任务三中的相关业务办理结算。

三、操作流程

货商结算单→{新建（点击“货商结算单”图标即生成一张新的货商结算单）；查询（点击“浏览”按钮，输入查询条件，选中结算单，调出即可）；删除（点击“浏览”按钮，选中结算单，调出按“删除”即可）}→保存

四、操作提示

1. 新建货商结算单时，供货商编号可手动输入编号，系统自动调出该编号的供货商信息，如果不知道供货商编号，可用鼠标点击输入框后的小按钮，系统自动弹出选择供货商的界面，选中供货商后按“确定”即可。

2. 货商结算单如果生效后就不能更改，所以生效前一定要注意，确定输入无误后再生效。

3. 删除货商结算单时，只能删除没有保存的货商结算单，如果该单已经保存了，则不能进行删除操作。

实训 10 *Practice*

批 发 管 理

任务一　批发销售单

一、实训目的

掌握批发销售单的相关操作。

二、实训内容

批发客户小白羊超市购买了一些商品（见表 10－1），新建一张批发销售单。

表 10－1

商品条码	商品名称	规格	单位	数量	进价	零售价	批发价
6914568987788	庐山牌香烟	10 盒	条	2	50.00	56.00	55.00
6925498732054	品客薯片	100 克	罐	20	8.00	12.00	11.50
6927958215488	大白兔奶糖	200 克	袋	20	3.20	4.00	3.80
6935487984444	黄鹤楼白酒	500ml	瓶	20	12.00	15.00	14.00
6925448777776	屈臣氏面膜粉	100 克	袋	20	6.80	8.00	7.00
6915546833355	碧浪洗衣粉	500 克	袋	20	3.00	4.00	3.50
6925587773494	怡景纯净水	500ml	瓶	20	0.80	1.00	0.90
6915432133269	利群牌香烟	20 支	盒	20	12.00	13.00	12.50
6923414446799	舒蕾洗发水	300ml	瓶	20	20.00	23.00	22.00
6914687933974	顺爽洗发水	300ml	瓶	20	19.00	22.00	21.00

三、实训时间

2 学时。

四、操作流程

批发销售单→
- 新建（点击“批发销售单”图标即生成一张新的批发销售单）
- 查询修改（点击“浏览”按钮，输入查询条件，选中销售单，调出即可修改）
- 删除作废（点击“浏览”按钮，选中销售单，调出按“删除”或“作废”即可）

→保存

五、操作提示

1. 生效后库存数量减少，应收款增加。

2. 新建批发销售单中商品自编码/条码，可手动输入，也可双击选择。

3 新建批发销售单时，客户编号可手动输入编号，系统自动调出该编号的客户信息，如果不知道客户编号，可用鼠标点击输入框后的小按钮，系统自动弹出选择客户的界面，选中客户后按“确定”即可。

4. 新建批发销售单时，本系统提供四个价格供选择：零售价、会员价、批发价、促销价。根据客户的性质，应在输入商品之前就选择适当的价格，否则就会默认为零售价格销售。

5. 新建批发销售单时，如要删除某行，首先将光标移到要删除的商品条目上，然后按 Ctrl + Delete 键即可。

6. 将所有要批发的商品输入完成后，最后按“保存”，系统便提示“已生效”状态，如果没有点击“保存”的话，那么提示信息便是“未生效”。保存时系统会弹出对话框，显示合计金额、已收款、本次收款和结算方式。本次收款多少就在本次收款中输入多少，最后按“确定”即可。

任务二　销售退货单

一、实训目的

掌握销售退货单的相关操作。

二、实训内容

任务一中销售出的商品部分有质量问题退回（见表 10－2），请办理相关操作。

表 10－2

商品条码	商品名称	规格	单位	数量	进价	零售价	批发价
6914568987788	庐山牌香烟	10 盒	条	1	50.00	56.00	55.00
6925498732054	品客薯片	100 克	罐	2	8.00	12.00	11.50
6927958215488	大白兔奶糖	200 克	袋	2	3.20	4.00	3.80
6935487984444	黄鹤楼白酒	500ml	瓶	2	12.00	15.00	14.00

三、操作流程

销售退货单→
- 新建（点击“销售退货单”图标即生成一张新的销售退货单）
- 查询修改（点击“浏览”按钮，输入查询条件，选中退货单，调出即可修改）
- 删除作废（点击“浏览”按钮，选中退货单，调出按“删除”或“作废”即可）

→保存

四、操作提示

1. 生效后库存数量增加，应收款减少。

2. 新建销售退货单中商品自编码/条码，可手动输入，也可双击选择。

3. 新建销售退货单时，客户编号可手动输入编号，系统自动调出该编号的客户信息，如果不知道客户编号，可用鼠标点击输入框后的小按钮，系统自动弹出选择客户的界面，选中客户后按“确定”即可。

4. 新建销售退货单时，如要删除某行，首先将光标移到要删除的商品条目上，然后按Ctrl + Delete键即可。

5. 将所有要退货的商品输入完成后，最后按“保存”，系统便提示“已生效”状态，如果没有点击“保存”的话，那么提示信息便是“未生效”。保存时系统会弹出对话框，显示合计金额、已付款、本次付款和结算方式。本次付款多少就在本次付款中输入多少，最后按“确定”即可。

任务三　客户结算单

一、实训目的

掌握客户结算单的相关操作。

二、实训内容

将任务一、任务二中的相关业务办理结算。

三、操作流程

客户结算单→
- 新建（点击“客户结算单”图标即生成一张新的客户结算单）
- 查询（点击“浏览”按钮，输入查询条件，选中结算单，调出即可）
- 删除（点击“浏览”按钮，选中结算单，调出按“删除”即可）

→保存

四、操作提示

1. 新建客户结算单时，供货商编号可手动输入编号，系统自动调出该编号的客户信息，如果不知道客户编号，可用鼠标点击输入框后的小按钮，系统自动弹出选择客户的界面，选中客户后按“确定”即可。

2. 客户结算单如果生效后就不能更改，所以生效前一定要注意，确定输入无误后再生效。

3. 删除客户结算单时，只能删除没有保存的客户结算单，如果该单已经保存了，则不能进行删除操作。

实训 11 *Practice*

存 货 管 理

任务一　库存盘点表

一、实训目的

掌握库存盘点表的相关操作。

二、实训内容

根据盘点后实际库存数量（见表 11－1）建立一张新的库存盘点表。

表 11－1

商品条码	商品名称	规格	单位	数量
6914568987354	庐山牌香烟	20 支	盒	79
6925498732054	品客薯片	100 克	罐	28
6927958215488	大白兔奶糖	200 克	袋	77
6935487984444	黄鹤楼白酒	500ml	瓶	170
6925448777776	屈臣氏面膜粉	100 克	袋	27
6915546833355	碧浪洗衣粉	500 克	袋	173
6925587773494	怡景纯净水	500ml	瓶	178
6915432133269	利群牌香烟	20 支	盒	80
6923414446799	舒蕾洗发水	300ml	瓶	30
6914687933974	顺爽洗发水	300ml	瓶	30

三、实训时间

2 学时。

四、操作流程

库存盘点表→{ 新建（点击“库存盘点表”图标即生成一张新的库存盘点表）；查询（点击“浏览”按钮，输入查询条件，选中盘点表，调出即可）；删除（点击“浏览”按钮，选中盘点表，调出按“删除”即可） }→保存

五、操作提示

1. 库存盘点表主要是起到平衡电脑库存与实际库存的作用，自动产生盘亏盘盈报表。生效后库存便以实际盘点数量为准。

2. 新建库存盘点中商品自编码/条码，可手动输入，也可双击选择，但输入盘点数量时只需在堆散数中输入实际盘点的数量即可。

3. 将所有要盘点的商品输入完成后，最后按“生效”，系统便提示“已生效”状态，如果没有点击“生效”的话，那么提示信息便是“未生效”。值得注意的是，盘点表生效后将不能更改，所以在做盘点表生效的时候一定要注意。如果盘点表输入过程中还不想生效，可按“返回”按钮，系统会提示是否保存，选择“是”，系统便将该盘点表保存起来了，但没有生效。需要生效时，只需通过“浏览”按扭调出即可。

任务二　商品报损单

一、实训目的

掌握商品报损单的相关操作。

二、实训内容

根据表 11－2 中要报损的商品信息新建一张商品报损单。

表 11－2

商品条码	商品名称	规格	单位	数量
6914568987354	庐山牌香烟	20 支	盒	1
6925498732054	品客薯片	100 克	罐	2
6927958215488	大白兔奶糖	200 克	袋	3
6935487984444	黄鹤楼白酒	500ml	瓶	9
6925448777776	屈臣氏面膜粉	100 克	袋	1
6915546833355	碧浪洗衣粉	500 克	袋	2
6925587773494	怡景纯净水	500ml	瓶	2

三、操作流程

商品报损单→
- 新建（点击“商品报损单”图标即生成一张新的商品报损单）
- 查询（点击“浏览”按钮，输入查询条件，选中报损单，调出即可）
- 删除（点击“浏览”按钮，选中报损单，调出按“删除”即可）

→保存

四、操作提示

1. 商品报损单是在经营过程中出现有些商品变质或者过期，或者是自用的商品所用的一种单据，生效后库存减少。

2. 报损单号是系统自动产生，用户不可更改。

3. 新建商品报损单中商品自编码/条码，可手动输入，也可双击选择。

4. 新建商品报损单时，如要删除某行，首先将光标移到要删除的商品条目上，然后按 Ctrl + Delete 键即可。

任务三 商品调价单

一、实训目的

掌握商品调价单的相关操作。

二、实训内容

因经营销售的需要，将表 11 – 3 中所列商品价格进行调整。

表 11 – 3

商品条码	商品名称	规格	单位	进价	零售价	批发价
6914568987354	庐山牌香烟	20 支	盒	5. 00	6. 10	5. 80
6925498732054	品客薯片	100 克	罐	8. 00	12. 50	11. 50
6927958215488	大白兔奶糖	200 克	袋	3. 20	4. 20	3. 80
6935487984444	黄鹤楼白酒	500ml	瓶	12. 00	15. 50	14. 00
6925448777776	屈臣氏面膜粉	100 克	袋	6. 80	8. 90	7. 00
6915546833355	碧浪洗衣粉	500 克	袋	3. 00	4. 50	3. 50
6925587773494	怡景纯净水	500ml	瓶	0. 80	1. 10	0. 90
6915432133269	利群牌香烟	20 支	盒	12. 00	13. 20	12. 50
6923414446799	舒蕾洗发水	300ml	瓶	20. 00	23. 60	22. 00
6914687933974	顺爽洗发水	300ml	瓶	19. 00	22. 30	21. 00

三、操作流程

商品调价单→
- 新建（点击“商品调价单”图标即生成一张新的商品调价单）
- 查询（点击“浏览”按钮，输入查询条件，选中调价单，调出即可）
- 删除（点击“浏览”按钮，选中调价单，调出按“删除”即可）

→保存

四、操作提示

1. 生效后价格全部以单据中的新价格为准。

2. 商品调价单号由系统自动产生，用户不可更改。

3. 新建商品调价单中商品自编码/条码，可手动输入，也可双击选择。

4. 新建商品调价单时，如要删除某行，首先将光标移到要删除的商品条目上，然后按 Ctrl + Delete 键即可。

实训 12 *Practice*

收 银 管 理

任务一　收银结款单

一、实训目的

了解收银结款单是前台收银员向财务交款时，财务审核的一个单据，并掌握其调出的操作。

二、实训内容

前台收银交班后，在此调出收银结款单。

三、操作流程

收银管理→收银结款单→输入收银员的编号。

四、操作提示

收银员交款时，财务人员只需按收银结款单中显示的数据，核对收银员的交款，核对后按“交款”即可完成交款工作。

任务二　储值卡充值单

一、实训目的

掌握对储值卡客户进行充值的操作。

二、实训内容

对以下储值卡客户进行充值：

客户编号	客户名称	充值额	经手人
0985	张艳	500	钱　康
0986	李光	1,000	钱　康
0987	王群	1,500	钱　康
0988	丁雄	2,000	钱　康

三、操作流程

收银管理→充值卡充值单→输入客户的编号→输入充值的金额→保存。

四、操作提示

1. 充值单号为系统自动产生，用户不可更改。
2. 经手人为已在员工档案中设置了的员工。
3. 如不知道客户编号，可点击输入框后的小按钮，选中客户后按“确定”即可。

任务三　收支凭证单

一、实训目的

掌握开具收支凭证单的方法。

二、实训内容

将以下储值卡客户充值的收入开具收支凭证单。

账户编号	摘要	收入金额	经手人	审核人
10202	0985 客户充值	500	钱　康	宋　文
10202	0986 客户充值	1,000	钱　康	宋　文

三、操作流程

收银管理→收支凭证单→{新建 / 修改 / 删除}→确定

四、操作提示

1. 如删除某行，首先将光标移支需要删除的条目上，然后按 Ctrl + Delete 键即可。
2. 重新保存的意思是如果某收支凭证单打错了，可以通过重新保存功能修改单据。

实训13 *Practice*

前台收银系统

任务一　前台当班、前台收款、前台交款、退出系统

一、实训目的

掌握前台收银的几个基本步骤与操作。

二、实训内容

作以下操作：

1. 进入前台收银。
2. 输入自己的编号及密码。
3. 输入钱箱初始余额500元。
4. 进入前台收款。
5. 退出前台收款。
6. 进行前台交款。
7. 退出前台系统。

三、操作流程

进入前台→核对系统日期→输入编号及密码→按“1”键当班→输入500→按“2”键收款→按“Esc”退出→按“4”键交班→按“6”键或“Esc”退出。

四、操作提示

前台所有操作不得使用鼠标，一律用键盘操作。

任务二　修改密码

一、实训目的

掌握收银员更改自己登录密码的方法。

二、实训内容

将自己的密码进行修改。

三、操作流程

进入前台→按“5”键修改密码→输入旧密码→输入两次新密码→回车。

四、操作提示

两次新密码一定要相同，否则不可更改密码。

任务三　参 数 设 置

一、实训目的

掌握参数设置的内容，并熟悉操作。

二、实训内容

1. 设置钱箱并测试。
2. 设置有顾客显示屏。
3. 设置打印及模式为收款时打印。
4. 设置锁屏时滚动文字为“请稍等一会儿”。

三、操作流程。

进入前台→参数设置。

任务四　前台收款相关操作

一、实训目的

熟悉前台收款操作的相关内容及操作方法。

二、实训要求

1. 前台收银的操作一律不得使用鼠标。
2. 教师需准备各种模拟商品如：食品、服装、蔬菜、日用品，固态、液态、易碎品等，并在后台建立相应商品档案。
3. 不同版本的练功券代替真币。
4. 每位学生准备塑料袋若干个。

5. 分组练习，指定小组长监督考核。

三、实训内容

1. 学生按表 13－1 给予的资料先熟悉各功能键的使用。

表 13－1

商品条码	商品名称	数量	要求
6914568987354	庐山牌香烟	3	
6914568987788	庐山牌香烟	2	删除单件商品
6925498732054	品客薯片	1	整单删除
6927958215488	大白兔奶糖	2	改单价为 3.70 元
6935487984444	黄鹤楼白酒	1	改折扣为 9.5 折
6925448777776	屈臣氏面膜粉	3	挂单、取单
6915546833355	碧浪洗衣粉	4	改单价为 3.90 元
6925587773494	怡景纯净水	2	改单价为 0.90 元
6915432133269	利群牌香烟	6	改单价为 12.60 元
6923414446799	舒蕾洗发水	1	改折扣为 9 折
6914687933974	顺爽洗发水	3	收款

2. 限定时间 2 分 30 秒，手工录入 20 件商品（反复多次练习）

3. 学生分组，分别扮演收银员和顾客甲、乙、丙。

（1）顾客甲购买商品情况如表 13－2 所示。

表 13－2

商品条码	商品名称	数量	活动单价或活动折扣
6925498732054	品客薯片	1	无
6927958215488	大白兔奶糖	5	活动单价 3.70 元
6935487984444	黄鹤楼白酒	6	活动折扣 9.5 折
6925448777776	屈臣氏面膜粉	2	无
6915546833355	碧浪洗衣粉	3	活动单价 3.90 元

顾客现金付款 100 元。

（2）顾客乙购买商品情况如表 13－3 所示。

表 13－3

商品条码	商品名称	数量	活动单价或活动折扣
6925587773494	怡景纯净水	2	活动单价 0.90 元
6935487777346	丝袜	4	无
6915432133269	利群牌香烟	1	活动单价 12.60 元
6923414446799	舒蕾洗发水	3	活动折扣 9 折
6914687933974	顺爽洗发水	2	活动折扣 9 折

顾客表示香烟拿错牌子要求退掉利群牌香烟，并返回卖场选取另外品牌的香烟。顾客丙已排队等候。

（3）顾客丙购买商品情况如表 13－4 所示。

表 13－4

商品条码	商品名称	数量	活动单价或活动折扣
6927958215488	大白兔奶糖	5	无
6935487984444	黄鹤楼白酒	4	活动单价 14.50 元
6925448777776	屈臣氏面膜粉	2	无
6915546833355	碧浪洗衣粉	1	活动折扣 9.5 折
6925587773494	怡景纯净水	6	无

顾客丙持储值卡 0988 消费。

（4）收银员中途离开锁屏。

（5）由于顾客乙长时间不来，将该顾客的销售单删除。

4. 练习机器扫描及装袋规范操作。

5. 老师考核。由老师充当顾客，应考学生充当收银员，在顾客的要求下完成 10 件商品收款全过程。

（1）评分标准：满分为 100 分，按照工作流程、熟练程度、普通话服务、文明礼貌、仪表仪容、唱收唱付、准确性、装袋技巧运用八个方面打分。其中工作流程、准确性满分为 20 分；其他各项满分为 10 分。各项评为优秀者可得到该项分值的 90%～100%；评为良好者可得到该项分值的 80%～90%；评为合格者可得到该项分值的 60%～80%；评为不合格者可得到该项分值的 60% 以下（见表 13－5）。

表 13－5

评分项目	优秀	良好	合格	不合格	小计
工作流程					
熟练程度					
普通话服务					
文明礼貌					
仪表仪容					
唱收唱付					
准确性					
装袋技巧运用					
总分					

（2）速度要求：

用扫描枪操作：50 秒，平均每 5 秒钟一件。

手工录入操作：100 秒，平均每 10 秒钟一件。

四、操作提示

1. 收款流程：

欢迎顾客→收款（卡）→验钞（卡）打单→装袋→找零。

2. 打单时选择正确的付款方式。

3. 装袋技巧：

（1）硬与重的商品垫底装袋；

（2）正方型或长方型的商品装入包装袋的两侧，作为支架；

（3）瓶装或罐装的商品放在中间，以免受外在压力破损；

（4）易碎品或轻泡的商品放置在袋中的上方；

（5）冷冻品、豆制品等容易出水的商品，肉、菜等容易流出汁液的商品，先应用包装袋装好后再放入大的购物袋中，或经顾客同意不放入大购物袋中；

（6）装入袋中的商品不能高过袋口，避免顾客提拿不方便 ，一个袋中装不下的商品可放入另一个袋中；

（7）超市在促销活动中所发的广告页或赠品要确认已放入包装袋中；

（8）装袋时要避免不是一个顾客的商品放入同一个袋中的现象；

（9）对体积过大、包装袋装不下的商品，要用绳子捆好，方便顾客提拿；

（10）提醒顾客带走所有包装入袋的商品，防止遗忘在收银台上的情况发生。

实训14 Practice

商品装袋

一、实训目的

掌握商品装袋操作规范要求。

二、实训要求

1. 教师需准备各种模拟商品如：食品、服装、蔬菜、日用品，有固态、液态、易碎品等。

2. 每位学生准备塑料袋若干个，按要求进行商品装袋练习。可以分组练习，指定小组长监督考核。

三、实训指导

收银员装袋作业管理要求做到：

（1）安全、便利，确保商品的质量安全并方便顾客携带商品。

（2）正确、妥当，针对各种商品的不同特点对商品进行合理的分类包装。

（3）高效、节约，尽量避免购物袋的浪费，竭力降低超市的经营成本。要根据商品型号和特点选择使用大小不同的购物袋。通过收银员给顾客提供的细致、周到的商品包装服务，可以为超市赢得更多的顾客。

具体要求是：

1. 硬与重的商品垫底装袋；

2. 正方型或长方型的商品装入包装袋的两侧，作为支架；

3. 瓶装或罐装的商品放在中间，以免受外在压力破损；

4. 易碎品或轻泡的商品放置在袋中的上方；

5. 冷冻品、豆制品等容易出水的商品，肉、菜等容易流出汁液的商品，应先用包装袋装好后再放入大的购物袋中，或经顾客同意不放入大购物袋中；

6. 装入袋中的商品不能高过袋口，避免顾客提拿不方便 ，一个袋中装不下的商品可放入另一个袋中；

7. 超市在促销活动中所发的广告页或赠品要确认已放入包装袋中；

8. 装袋时要避免不是一个顾客的商品放入同一个袋中的现象；

9. 对体积过大、包装袋装不下的商品，要用绳子捆好，方便顾客提拿；

10. 提醒顾客带走所有包装入袋的商品，防止遗忘在收银台上的情况发生。

四、实训考核

教师在小组考核的基础上进行考核评分。

评分标准：

1. 满分 100 分，按照遵循装袋原则、熟练程度、装袋技巧运用和服务态度四个方面打分。每个项目各 25 分，各项评为优秀者可得到该项分值的 90% ~100%；评为良好者可得到该项分值的 80% ~90%；评为合格者可得到该项分值的 60% ~80%；评为不合格者可得到该项分值的 60% 以下。

评分项目	优秀	良好	合格	不合格	小计
遵循装袋原则					
熟练程度					
装袋技巧运用					
服务态度					
总　　分					

2. 速度要求：10 件商品装袋时间约 15 ~20 秒钟。

实训 15 *Practice*

全国会计技能大赛传票算项目指导与训练

一、单项训练法

（一）开扇训练

［实训目的］双手迅速、均匀地开扇。

［实训要求］

1. 开扇时，使每张传票均匀地自然松动，不会出现粘在一起的情况。

2. 扇面打开角度适宜，不得过大或过小。

［实训时间］本项目训练时间不少于 10 分钟。

［实训过程］蹾齐传票→捏住传票→折传票→开扇。

练习一：由教师读秒“1、2、3”，学生进行开扇，三秒钟之内须完成一本传票的开扇。

练习二：同座两位同学互相竞赛，同时开始开扇，看谁先打开扇面。

（二）传票翻页、找页训练

1. 传票翻页训练。

［实训目的］左手连贯、快速、准确翻页，提高翻页技巧。

［实训要求］

（1）票面不宜翻得过高，角度适宜，以能看清数据为准。

（2）左手翻页应保持连贯。

［实训时间］本项目训练时间不少于一周。

练习一：按口令训练法（节奏感训练）。教师发出“翻”、“停”的口令，以两秒一页的速度进行翻页训练。学生听到“翻”口令时应开始翻页，听到“停”口令时应停在准备动作状态（较熟练后可提快到一秒一页的速度）。

练习二：按口令训练法（连贯性训练）。教师发出“1、2、3、4、5、6……”口令，学生听到口令“1”时翻一页传票，听到口令“2”时再翻一页传票，以此类推。速度则由教师进行控制，由慢到快，逐渐加快速度。

练习三：定量不定时训练法。规定的页数可由少至多，如 20 页、50 页、100 页，循序渐进，教师统一计时，学生快速翻页，看谁翻的快（较熟练后可进行盲翻训练）。

练习四：定时不定量训练法。老师计时 30 秒，学生翻页，看谁翻得多（较熟练后可进行盲翻训练）。

［实训考核］以翻页的速度作为考核标准，如表 15 – 1 所示。

表 15 – 1

标准	优	良	合格
定量不定时（100 页）			
拇指翻页法	40 秒	50 秒	60 秒
食指辅助拇指翻页法	50 秒	60 秒	70 秒
食指单捻翻页法	50 秒	60 秒	70 秒
定时不定量（30 秒）			
拇指翻页法	60 页	55 页	50 页
食指辅助拇指翻页法	55 页	50 页	45 页
食指单捻翻页法	55 页	50 页	45 页

2. 传票找页训练。

［实训目的］快速准确地找到每题的起始页，提高传票翻打的准确度和速度。

［实训要求］

（1）熟悉传票，能准确把握传票页的厚度，练手感。如 10 页、20 页、30 页的厚度。

（2）用左手迅速准确找到起始页数。

［实训时间］本项目训练时间不少于 10 分钟。

练习一：由教师随机报起始页数，学生快速翻找。

例 1：5、14、21、43、57、78、86、90……（有序找页练习）。

例 2：2、15、46、18、38、70、9、37……（无序找页练习）。

练习二：由教师按一定规律报起始页数，学生快速翻找。

例 3：5、10、15、20、25、30、35、40……。

例 4：10、20、30、40、50、60、70、80……。

以上练习也可采用限量不限时的方法进行，即出 20 个页数，看谁找得快。

练习三：由学生互相报起始页数，进行翻找训练。

练习四：教师计时，看谁找的页数多。

［实训考核］

以找页的速度作为考核标准，如表 15 – 2 所示。

表 15 – 2

	优	良	合格
限时不限量（30 秒）	58 ~ 60 题	45 ~ 47 题	42 ~ 44 题
限量不限时（20 题）	8 ~ 10 秒	11 ~ 13 秒	14 ~ 16 秒

（三）看数与记数训练

［实训目的］快速准确地看完一行数字并记住，提高传票翻打的准度和速度。

［实训要求］

1. 熟练掌握分节看数与记数法。

2. 熟练掌握一目一行看数与记数法。

［实训时间］本项目训练时间每日不少于10分钟。

进行看数与记数训练时，初期应采用看完一节或一个数后迅速抬起眼睛，口中背出数字，以检验看数是否准确。熟练后可不必背出数字，只需在脑中将看的数像放电影一样放映一遍。

练习一：集体训练与个人训练结合，由教师出题，学生进行分节看数训练。题目可以是纸质的，还可以利用PPT制作成幻灯片形式播放训练。

（1）三位分节看数与记数法（表15－3）。

表15－3

题　号	题　目	答　案
1	830，025	例：830—025
2	743，234，222	
3	572，353，276	
4	38，690	
5	577，230，242	
6	789，245	
7	485，466	
8	148，574，547	
9	12，589	
10	785，473	
11	553，748，756	
12	8，854	
13	921，357	
14	370，496	
15	704，152，385	
16	247，856	
17	65，498，407	
18	335，543，973	
19	267，525，459	
20	2，549，435	

（2）小数点分节看数与记数法（表 15－4）。

表 15－4

题　号	题　目	答　案
1	472. 38	
2	178，063. 94	
3	598，360. 41	
4	850，493. 62	
5	285. 36	
6	7，439. 06	
7	790，142. 58	
8	4，768. 01	
9	173，058. 64	
10	47，502. 16	
11	807，415. 56	
12	26. 38	
13	617. 43	
14	1，054. 72	
15	496. 52	
16	798，061. 54	
17	730，596. 41	
18	537. 82	
19	380，961，82	
20	1，047. 39	

练习二：集体训练时，采用定量不定时的方法，看百页传票，看谁看得快（教师同时计时，在学生完成时告知其时间）。

练习三：个人训练时，同座两人同时进行翻百页传票看数，看谁先看完。

练习四：集体训练时，采用定时不定量法，教师计时，看谁看的页数多。

［实训考核］以看页的速度作为考核标准，如表 15－5 所示。

表 15－5

	优	良	合格
限时不限量（60 秒）	45～48 页	43～45 页	40～42 页
限量不限时（100 页）	130 秒	140 秒	150 秒

二、综合训练法

（一）眼、脑、手训练指导

选择好传票簿和行数后，将传票打开成扇面旋转桌面，左手做好翻页准备动作，右手放置于基本键位，眼睛看清第一页数据的同时，大脑记住此数据并传递给右手，听到开始口令，左手翻页、右手录入，同时眼睛看、大脑记忆并传递第二个数据，整个过程要求手、眼、脑的动作协调连贯；右手录入时，左手迅速翻过此页，进入下一页……如此紧紧连接环环相扣，保持动作的连贯和流畅，逐步达到左右手不停留在同一页上（一目记忆的数字左手领先一页，两目记忆的数字，翻页在个位和小数点之间进行，左手比右手领先半步），右手无停顿间歇的水平。

（二）分组计时训练法

基本方法指导：强化训练、加强指导、计时评分、记录成绩、分析差错、干扰训练、突破屏障。

练习一：10 组 10 页翻打（每套题限时 5 分钟）。

（1）传票算练习题一（表 15 -6）。

表 15 -6

题号	起止页码	行数	答案
1	2 ~ 11	（五）	
2	23 ~ 32	（四）	
3	38 ~ 47	（三）	
4	34 ~ 43	（一）	
5	16 ~ 25	（二）	
6	21 ~ 30	（三）	
7	79 ~ 88	（四）	
8	13 ~ 22	（五）	
9	8 ~ 17	（四）	
10	60 ~ 89	（一）	

（2）传票算练习题二（表 15 -7）。

表 15 -7

题号	起止页码	行数	答案
1	32 ~ 41	（三）	
2	24 ~ 33	（四）	
3	37 ~ 46	（三）	
4	20 ~ 29	（一）	
5	41 ~ 50	（三）	
6	21 ~ 30	（三）	
7	65 ~ 74	（四）	
8	23 ~ 32	（五）	
9	11 ~ 20	（四）	
10	30 ~ 39	（一）	

（3）传票算练习题三（表 15 -8）。

表 15 -8

题号	起止页码	行数	答案
1	3 ~ 12	（三）	
2	16 ~ 25	（四）	
3	25 ~ 34	（三）	
4	65 ~ 74	（一）	
5	31 ~ 40	（三）	
6	12 ~ 21	（三）	
7	49 ~ 58	（四）	
8	16 ~ 25	（五）	
9	21 ~ 30	（四）	
10	34 ~ 43	（一）	

（4）传票算练习题四（表 15 -9）。

表 15 -9

题号	起止页码	行数	答案
1	44 ~ 53	（三）	
2	13 ~ 22	（四）	
3	46 ~ 55	（三）	
4	35 ~ 44	（一）	
5	50 ~ 59	（三）	
6	31 ~ 40	（三）	
7	68 ~ 77	（四）	
8	35 ~ 44	（五）	
9	40 ~ 49	（四）	
10	53 ~ 62	（一）	

（5）传票算练习题五（表 15 -10）。

表 15 -10

题号	起止页码	行数	答案
1	34 ~ 43	（三）	
2	3 ~ 12	（四）	
3	36 ~ 45	（三）	
4	25 ~ 34	（一）	
5	40 ~ 49	（三）	
6	21 ~ 30	（三）	
7	58 ~ 67	（四）	
8	25 ~ 34	（五）	
9	30 ~ 39	（四）	
10	43 ~ 52	（一）	

（6）传票算练习题六（表 15 - 11）。

表 15 - 11

题号	起止页码	行数	答案
1	1 ~ 10	(三)	
2	4 ~ 13	(四)	
3	37 ~ 46	(三)	
4	26 ~ 35	(一)	
5	41 ~ 50	(三)	
6	22 ~ 31	(三)	
7	59 ~ 68	(四)	
8	26 ~ 35	(五)	
9	31 ~ 40	(四)	
10	44 ~ 53	(一)	

（7）传票算练习题七（表 15 - 12）。

表 15 - 12

题号	起止页码	行数	答案
1	23 ~ 32	(三)	
2	41 ~ 50	(四)	
3	33 ~ 42	(三)	
4	17 ~ 26	(一)	
5	29 ~ 38	(三)	
6	18 ~ 27	(三)	
7	62 ~ 71	(四)	
8	22 ~ 31	(五)	
9	48 ~ 57	(四)	
10	28 ~ 37	(一)	

（8）传票算练习题八（表 15 - 13）。

表 15 - 13

题号	起止页码	行数	答案
1	33 ~ 42	(三)	
2	51 ~ 60	(四)	
3	43 ~ 52	(三)	
4	27 ~ 36	(一)	
5	39 ~ 48	(三)	
6	28 ~ 37	(三)	
7	72 ~ 81	(四)	
8	32 ~ 41	(五)	
9	58 ~ 67	(四)	
10	38 ~ 47	(一)	

（9）传票算练习题九（表 15－14）。

表 15－14

题号	起止页码	行数	答案
1	43～52	(三)	
2	61～70	(四)	
3	53～62	(三)	
4	37～46	(一)	
5	49～58	(三)	
6	38～47	(三)	
7	12～21	(四)	
8	42～51	(五)	
9	68～77	(四)	
10	48～57	(一)	

（10）传票算练习题十（表 15－15）。

表 15－15

题号	起止页码	行数	答案
1	13～22	(三)	
2	31～40	(四)	
3	23～32	(三)	
4	7～16	(一)	
5	19～28	(三)	
6	8～17	(三)	
7	19～28	(四)	
8	12～21	(五)	
9	38～47	(四)	
10	18～27	(一)	

练习二：10 组 20 页翻打（每套题限时 10 分钟）。

（1）传票算练习题一（表 15－16）。

表 15－16

题号	起止页码	行数	答案
1	2～21	(五)	
2	23～42	(四)	
3	38～57	(三)	
4	34～53	(一)	
5	16～35	(二)	
6	21～40	(三)	
7	79～98	(四)	
8	13～32	(五)	
9	8～27	(四)	
10	60～79	(一)	

（2）传票算练习题二（表15－17）。

表15－17

题号	起止页码	行数	答案
1	32～51	（三）	
2	24～43	（四）	
3	37～56	（三）	
4	20～39	（一）	
5	41～60	（三）	
6	21～40	（三）	
7	65～84	（四）	
8	23～42	（五）	
9	11～30	（四）	
10	30～49	（一）	

（3）传票算练习题三（表15－18）。

表15－18

题号	起止页码	行数	答案
1	3～22	（三）	
2	16～35	（四）	
3	25～44	（三）	
4	65～84	（一）	
5	31～50	（三）	
6	12～31	（三）	
7	49～68	（四）	
8	16～35	（五）	
9	21～40	（四）	
10	34～53	（一）	

（4）传票算练习题四（表15－19）。

表15－19

题号	起止页码	行数	答案
1	44～63	（三）	
2	13～32	（四）	
3	46～65	（三）	
4	35～54	（一）	
5	50～69	（三）	
6	31～50	（三）	
7	68～87	（四）	
8	35～54	（五）	
9	40～59	（四）	
10	53～72	（一）	

（5）传票算练习题五（表 15 – 20）。

表 15 – 20

题号	起止页码	行数	答案
1	34 ~ 53	（三）	
2	3 ~ 22	（四）	
3	36 ~ 55	（三）	
4	25 ~ 44	（一）	
5	40 ~ 59	（三）	
6	21 ~ 40	（三）	
7	58 ~ 77	（四）	
8	25 ~ 44	（五）	
9	30 ~ 49	（四）	
10	43 ~ 62	（一）	

（6）传票算练习题六（表 15 – 21）。

表 15 – 21

题号	起止页码	行数	答案
1	1 ~ 20	（三）	
2	4 ~ 23	（四）	
3	37 ~ 56	（三）	
4	26 ~ 45	（一）	
5	41 ~ 60	（三）	
6	22 ~ 41	（三）	
7	59 ~ 78	（四）	
8	26 ~ 45	（五）	
9	31 ~ 50	（四）	
10	44 ~ 63	（一）	

（7）传票算练习题七（表 15 – 22）。

表 15 – 22

题号	起止页码	行数	答案
1	23 ~ 42	（三）	
2	41 ~ 60	（四）	
3	33 ~ 52	（三）	
4	17 ~ 36	（一）	
5	29 ~ 48	（三）	
6	18 ~ 37	（三）	
7	62 ~ 81	（四）	
8	22 ~ 41	（五）	
9	48 ~ 67	（四）	
10	28 ~ 47	（一）	

（8）传票算练习题八（表 15－23）。

表 15－23

题号	起止页码	行数	答案
1	33～52	（三）	
2	51～70	（四）	
3	43～62	（三）	
4	27～46	（一）	
5	39～58	（三）	
6	28～47	（三）	
7	72～91	（四）	
8	32～51	（五）	
9	58～77	（四）	
10	38～57	（一）	

（9）传票算练习题九（表 15－24）。

表 15－24

题号	起止页码	行数	答案
1	43～62	（三）	
2	61～80	（四）	
3	53～72	（三）	
4	37～56	（一）	
5	49～68	（三）	
6	38～57	（三）	
7	12～31	（四）	
8	42～61	（五）	
9	68～87	（四）	
10	48～67	（一）	

（10）传票算练习题十（表 15－25）。

表 15－25

题号	起止页码	行数	答案
1	13～32	（三）	
2	31～50	（四）	
3	23～42	（三）	
4	7～26	（一）	
5	19～38	（三）	
6	8～27	（三）	
7	19～38	（四）	
8	12～31	（五）	
9	38～57	（四）	
10	18～37	（一）	

练习三：20 组 20 页翻打（每套题限时 20 分钟）。

（1）传票算练习题一（表 15－26）。

表 15－26

题号	起止页码	行数	答案
1	13～32	（三）	
2	31～50	（四）	
3	23～42	（三）	
4	7～26	（一）	
5	19～38	（三）	
6	8～27	（三）	
7	19～38	（四）	
8	12～31	（五）	
9	38～57	（四）	
10	18～37	（一）	
11	24～43	（三）	
12	12～31	（四）	
13	1～20	（三）	
14	38～57	（一）	
15	64～83	（三）	
16	15～34	（三）	
17	52～71	（四）	
18	40～59	（五）	
19	11～30	（四）	
20	27～46	（一）	

（2）传票算练习题二（表 15－27）。

表 15－27

题号	起止页码	行数	答案
1	15～34	（一）	
2	33～52	（二）	
3	26～45	（三）	
4	10～29	（四）	
5	22～41	（五）	
6	11～30	（一）	
7	19～38	（二）	
8	12～31	（三）	
9	41～60	（四）	
10	21～40	（五）	
11	27～46	（一）	
12	15～34	（二）	

续表

题号	起止页码	行数	答案
13	4～23	(三)	
14	41～60	(四)	
15	67～86	(五)	
16	18～37	(一)	
17	55～74	(二)	
18	43～62	(三)	
19	14～33	(四)	
20	30～49	(五)	

（3）传票算练习题三（表 15－28）。

表 15－28

题号	起止页码	行数	答案
1	3～22	(一)	
2	41～60	(二)	
3	51～70	(三)	
4	4～23	(四)	
5	54～73	(五)	
6	22～41	(一)	
7	41～60	(二)	
8	2～21	(三)	
9	66～85	(四)	
10	45～64	(五)	
11	43～62	(一)	
12	14～33	(二)	
13	5～24	(三)	
14	42～61	(四)	
15	68～87	(五)	
16	17～36	(一)	
17	56～75	(二)	
18	44～63	(三)	
19	15～34	(四)	
20	31～50	(五)	

（4）传票算练习题四（表 15－29）。

表 15 - 29

题号	起止页码	行数	答案
1	36 ~ 55	（一）	
2	54 ~ 73	（二）	
3	7 ~ 26	（三）	
4	4 ~ 23	（四）	
5	18 ~ 37	（五）	
6	12 ~ 31	（一）	
7	31 ~ 50	（二）	
8	12 ~ 31	（三）	
9	56 ~ 75	（四）	
10	35 ~ 54	（五）	
11	33 ~ 52	（一）	
12	4 ~ 23	（二）	
13	25 ~ 44	（三）	
14	32 ~ 51	（四）	
15	58 ~ 77	（五）	
16	7 ~ 26	（一）	
17	46 ~ 65	（二）	
18	34 ~ 53	（三）	
19	5 ~ 24	（四）	
20	21 ~ 40	（五）	

（5）传票算练习题五（表 15 - 30）。

表 15 - 30

题号	起止页码	行数	答案
1	6 ~ 25	（一）	
2	24 ~ 43	（二）	
3	17 ~ 36	（三）	
4	14 ~ 33	（四）	
5	48 ~ 67	（五）	
6	2 ~ 21	（一）	
7	1 ~ 20	（二）	
8	12 ~ 31	（三）	
9	46 ~ 65	（四）	
10	25 ~ 44	（五）	
11	23 ~ 42	（一）	
12	24 ~ 43	（二）	
13	15 ~ 34	（三）	

续表

题号	起止页码	行数	答案
14	22 ~ 41	(四)	
15	48 ~ 67	(五)	
16	17 ~ 36	(一)	
17	36 ~ 55	(二)	
18	24 ~ 43	(三)	
19	35 ~ 54	(四)	
20	11 ~ 30	(五)	

(6) 传票算练习题六（表 15 - 31）。

表 15 - 31

题号	起止页码	行数	答案
1	70 ~ 89	(一)	
2	14 ~ 33	(二)	
3	7 ~ 26	(三)	
4	4 ~ 23	(四)	
5	38 ~ 57	(五)	
6	52 ~ 71	(一)	
7	41 ~ 60	(二)	
8	2 ~ 21	(三)	
9	36 ~ 75	(四)	
10	15 ~ 34	(五)	
11	13 ~ 32	(一)	
12	44 ~ 63	(二)	
13	5 ~ 24	(三)	
14	12 ~ 31	(四)	
15	38 ~ 57	(五)	
16	7 ~ 26	(一)	
17	26 ~ 45	(二)	
18	14 ~ 33	(三)	
19	25 ~ 44	(四)	
20	1 ~ 20	(五)	

（7）传票算练习题七（表15－32）。

表15－32

题号	起止页码	行数	答案
1	33～52	（一）	
2	48～67	（二）	
3	42～61	（三）	
4	25～44	（四）	
5	41～60	（五）	
6	3～22	（一）	
7	31～50	（二）	
8	57～76	（三）	
9	50～69	（四）	
10	14～33	（五）	
11	36～55	（一）	
12	42～61	（二）	
13	35～54	（三）	
14	72～91	（四）	
15	8～27	（五）	
16	23～42	（一）	
17	14～33	（二）	
18	14～33	（三）	
19	29～48	（四）	
20	11～30	（五）	

（8）传票算练习题八（表15－33）。

表15－33

题号	起止页码	行数	答案
1	15～34	（一）	
2	32～51	（二）	
3	32～51	（三）	
4	15～34	（四）	
5	31～50	（五）	
6	13～32	（一）	
7	21～40	（二）	
8	47～66	（三）	
9	40～59	（四）	
10	4～23	（五）	
11	26～45	（一）	
12	32～51	（二）	
13	25～44	（三）	

续表

题号	起止页码	行数	答案
14	62 ~ 81	(四)	
15	68 ~ 87	(五)	
16	13 ~ 32	(一)	
17	4 ~ 23	(二)	
18	54 ~ 73	(三)	
19	19 ~ 38	(四)	
20	41 ~ 60	(五)	

(9) 传票算练习题九（表 15 - 34）。

表 15 - 34

题号	起止页码	行数	答案
1	45 ~ 64	(一)	
2	72 ~ 91	(二)	
3	62 ~ 81	(三)	
4	55 ~ 74	(四)	
5	71 ~ 90	(五)	
6	53 ~ 72	(一)	
7	61 ~ 80	(二)	
8	7 ~ 26	(三)	
9	80 ~ 99	(四)	
10	44 ~ 63	(五)	
11	66 ~ 85	(一)	
12	72 ~ 91	(二)	
13	65 ~ 84	(三)	
14	2 ~ 21	(四)	
15	18 ~ 37	(五)	
16	53 ~ 72	(一)	
17	44 ~ 63	(二)	
18	24 ~ 43	(三)	
19	59 ~ 78	(四)	
20	81 ~ 100	(五)	

（10）传票算练习题十（表 15－35）。

表 15－35

题号	起止页码	行数	答案
1	40～59	（一）	
2	26～45	（二）	
3	37～56	（三）	
4	43～62	（四）	
5	16～35	（五）	
6	24～43	（一）	
7	30～49	（二）	
8	66～85	（三）	
9	71～90	（四）	
10	22～41	（五）	
11	35～54	（一）	
12	48～67	（二）	
13	51～70	（三）	
14	39～58	（四）	
15	38～57	（五）	
16	14～33	（一）	
17	77～96	（二）	
18	43～62	（三）	
19	23～42	（四）	
20	47～66	（五）	

练习四：进行 100 页翻打，并记录下每一题的时间（表 15－36）。

表 15－36

题号	起始页码	行数	答案	时间记录
1	1～100	（一）		
2	1～100	（二）		
3	1～100	（三）		
4	1～100	（四）		
5	1～100	（五）		

练习五：利用翰林提学习机进行传票翻打练习。

1. 翰林提传票录入功能介绍：

（1）系统主界面选择【传票录入】，进入到【传票录入】目录。

（2）选择“［D］设置”，进行相关设置。设置完毕后按［Enter］自动保存设置。

操作：通过［↑↓］键移动光标，［←→］键调整相关设置（图 15－1）。

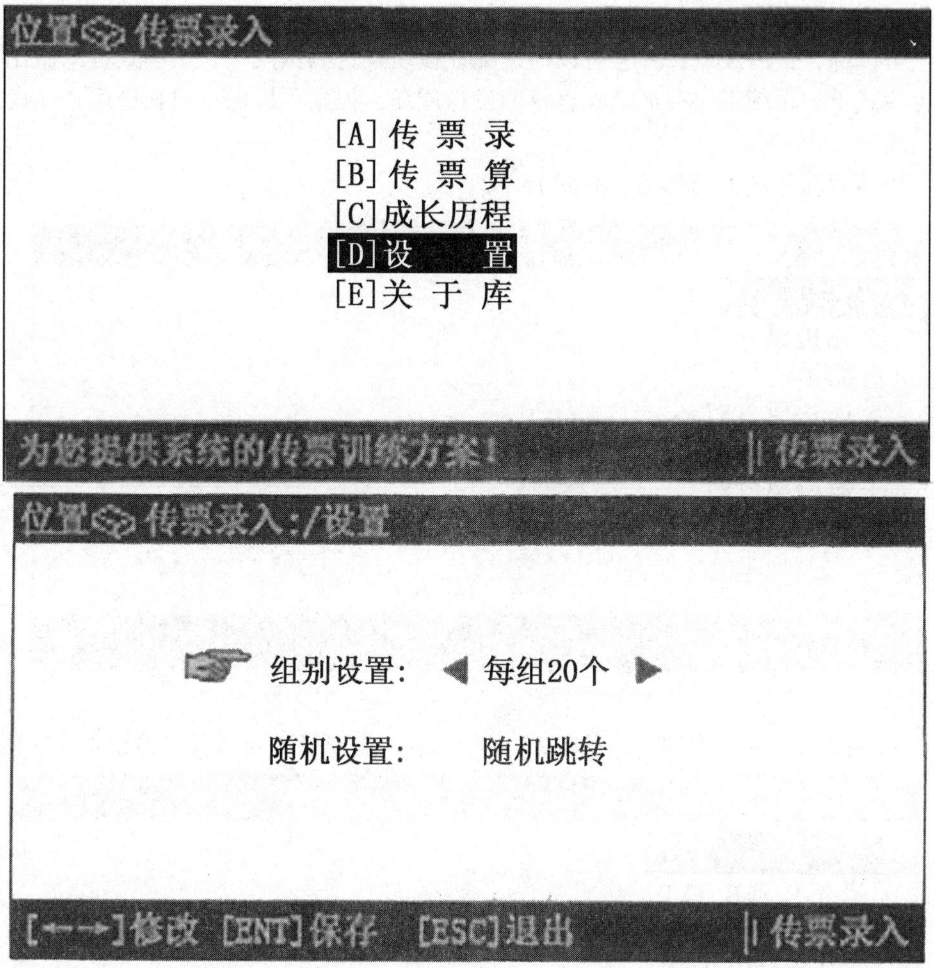

图 15－1

说明：此步骤只需在第一次使用时设置，或需要更改训练方式时设置。

（3）在【传票录入】目录下选择“［B］传票算”，进入【传票算】功能菜单（图 15－2）。

图 15－2

（4）选择“［B］传票算测试”或者“［A］传票算练习”，二者的区别在于：测试模式下，系统可以保存最后成绩，并且可以通过无线模块发送测试成绩，该模式可以做比赛时使用。练习模式下，系统不保存成绩，也不能发送成绩，但是可以保存成长历程，该模式只用作练习时使用。

以下以传票算测试为例介绍，见图 15－3。

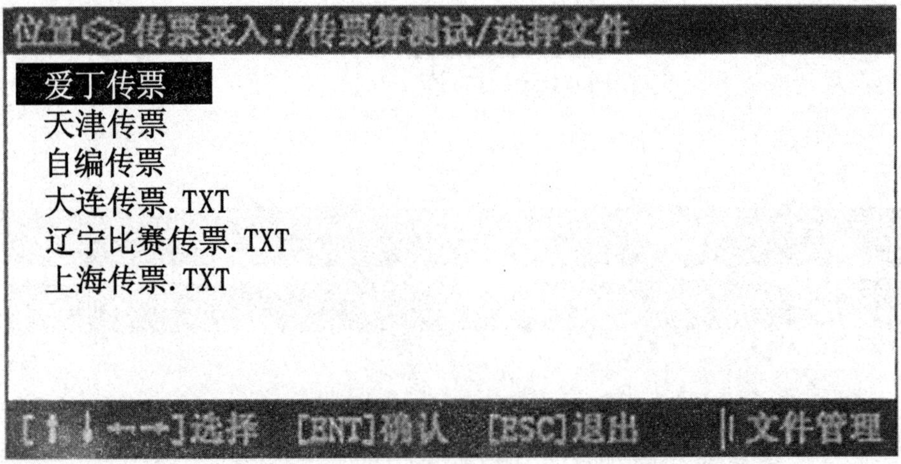

图 15－3

（5）例如选择［爱丁传票］（见图 15－4），下一步选择所要录入的传票页 A～D。

图 15－4

（6）例如选择［爱丁传票 A］，开始设置：测试时间、起始页飞行次。

（7）设置完毕后，按［Enter］键即可开始录入，录入界面如下图所示。

（8）关于录入界面的相关解释说明：

①第一部分内容为：当前输入的组别、当前组的起止页、输入的行序号。

②中间部分内容为：上一组数据的最终结果。

③下面部分内容为：当前组数据的计算区域，学生可以任意＋/－计算。

（9）用户退出或者倒计时结束时，系统会自动计算成绩，并且显示在屏幕上。传票算计分规则见图 15－5。

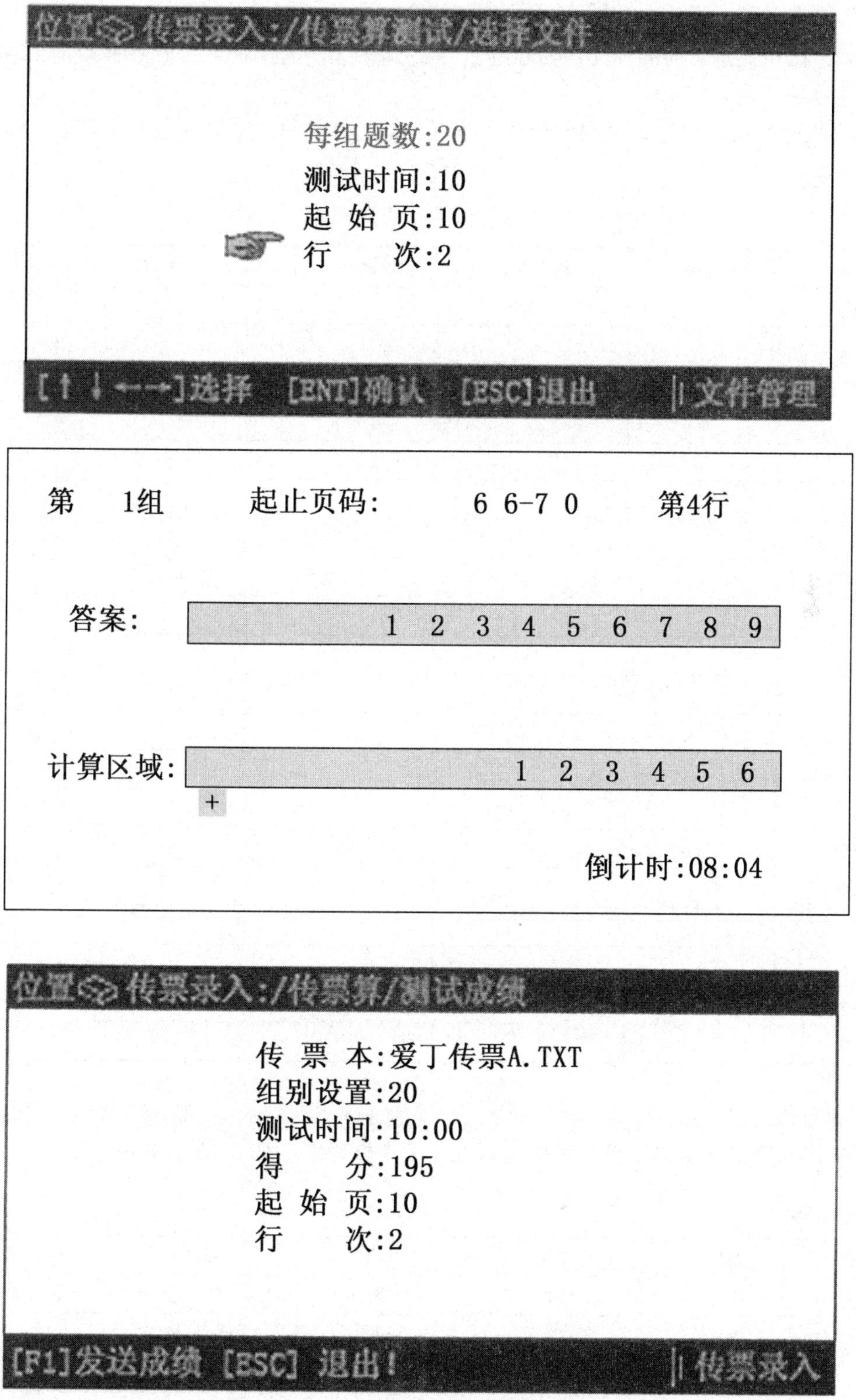

图 15－5

按照录入界面提示页码和行次进行累加，每组加和 20 题以回车键提交得到结果作为评断得分标准，即每一组为20分或0分，最后一组以时间到后的结果评定小分。

例如上图中显示，时间10分钟截止时，共完整计算9组，最后一组结果计算到前15题并正确，合计195分。

2. 由教师随机给出起始页码与行数，进行测试，并将每次成绩记录下来（表15－37）。

表15－37

班级：　　　　　　　　　　姓名：　　　　　　　　　　学号：

序号	日期	练习内容	题量（组数）	成绩（分数）	检查人签字
1					
2					
3					
4					
5					
6					
7					
8					
9					
10					
11					
12					
13					
14					
15					
16					
17					
18					
19					
20					

实训考核：

以中国珠算协会传票翻打等级鉴定标准作为考核标准。如表15－38所示。

表15－38

项目	高级	中级	初级	题量	工具
传票翻打	15题	10题	5题	20行/题（10分钟）	计算器
	18题（360分）	15题（300分）	13题（260分）	20行/题（10分钟）	翰林提/小键盘

综 合 训 练 篇

实训 1 *Practice*

后台系统综合练习

2017 年 10 月 8 日某社区拟开设一家知音超市，请根据以下资料及要求，进行相关操作。

注意：凡资料中未给出的信息可以不填写。

一、假设你是系统管理员，进行前台及后台的相关功能设置。

二、知音超市设有五个部门，共九名员工（见表 1）。

表 1

部　门	员工姓名	员工编号
收银部	王红（主管）	001
	李静	002
	陈勇	003
销售部	张敏（主管）	004
	赵明	005
采购部	孙武（主管）	006
仓　库	陈华（主管）	007
保安部	王武（主管）	008
	陈兵	009

三、按表2的内容建立起三人的操作员档案，并赋予他们三人前台收款的所有权限。

表2

员工编号	姓名	密码	是否为前台收银员
001	王红	111111	前台收银员
002	李静	222222	前台收银员
003	陈勇	333333	前台收银员

四、知音超市除零售客户外，还有四个储值客户、两个批发客户，见表3。

表3

客户类型	编号	姓名	所属地区
储值客户	0985	刘武	汉阳
	0986	沈红	硚口
	0987	李飞	武昌
	0988	张军	洪山
批发客户	1001	腾飞超市	沌口开发区
	1002	十升超市	汉阳

五、根据下述资料，完成货商档案、商品分类、代码设置、新建商品档案、进货等相关操作。

1. 知音超市共有五个供应商，见表4。

表4

编号	001	002	003	004	005
供应商	烟草专卖	华联超市	屈臣氏公司	九州通药店	新华书店

2. 拟销售表5中所列的六种类别的商品。

表5

商品分类	类别代码
烟酒副食	01
日用小百货	02
化妆品	03
书籍	04
药品	05
床上用品	06

3. 具体商品信息如表6所示。

表6

商品条码	商品名称	单位	进价	零售价	批发价	供货商
6914568987354	庐山牌香烟	盒	5.00	6.00	5.80	烟草专卖
6915432133269	利群牌香烟	盒	12.00	13.00	12.50	烟草专卖
6925448777776	屈臣氏面膜粉	袋	6.80	8.00	7.00	屈臣氏公司

续表

商品条码	商品名称	单位	进价	零售价	批发价	供货商
6925498732054	品客薯片	罐	8.00	12.00	11.50	华联超市
6927958215488	大白兔奶糖	袋	3.20	4.00	3.80	华联超市
6935487984444	黄鹤楼白酒	瓶	12.00	15.00	14.00	华联超市
6915546833355	碧浪洗衣粉	袋	3.00	4.00	3.50	华联超市
6906587989878	全棉毛巾	条	3.50	5.00	4.50	华联超市
6925587773494	怡景纯净水	瓶	0.80	1.00	0.90	华联超市
6935487777346	丝袜	双	1.00	1.50	1.40	华联超市
6923414446799	舒蕾洗发水	瓶	20.00	23.00	22.00	华联超市
6914687933974	顺爽洗发水	瓶	19.00	22.00	21.00	华联超市
6923346497258	可比克薯片	袋	5.00	5.50	5.40	华联超市
6912344679325	红富士牌床单	床	40.00	45.00	44.00	华联超市
6903364875798	美丽牌床单	床	43.00	46.00	45.00	华联超市
6913544798525	红富士四件套	套	100.00	120.00	115.00	华联超市
6934654795228	雕牌洗衣粉	袋	3.00	3.50	3.40	华联超市
6910546549879	喜之郎果冻	袋	10.00	12.00	11.50	华联超市
6916548328799	胃必治	盒	13.00	15.00	14.50	九州通药店
6925483333457	牛黄解毒片	盒	3.40	4.00	3.80	九州通药店
6915487987546	感冒清	盒	5.60	6.00	5.80	九州通药店
6925447987659	吗叮啉片剂	盒	15.00	16.00	15.80	九州通药店
9787804936851	哈利·波特	本	20.00	21.00	20.50	新华书店
9769879464136	白雪公主	本	18.00	19.00	18.50	新华书店
9785431975434	健康生活手册	本	26.00	28.00	27.50	新华书店
9788530098746	旅游手册	本	10.00	12.00	11.50	新华书店
9789823544999	儿童读本	本	12.00	14.00	13.50	新华书店

六、9月28日知音超市陆续收到各供货商配送的商品，经验收入库（明细如表7—表11），请录入后台。

1. 供货商——烟草专卖。

表 7

商品条码	商品名称	单位	数量	进价	供货商
6914568987354	庐山牌香烟	盒	300	5.00	烟草专卖
6915432133269	利群牌香烟	盒	400	12.00	烟草专卖

2. 供货商——屈臣氏公司。

表 8

商品条码	商品名称	单位	数量	进价	供货商
6925448777776	屈臣氏面膜粉	袋	100	6.80	屈臣氏公司

3. 供货商——华联超市。

表 9

商品条码	商品名称	单位	数量	进价	供货商
6925498732054	品客薯片	罐	600	8.00	华联超市
6927958215488	大白兔奶糖	袋	500	3.20	华联超市
6935487984444	黄鹤楼白酒	瓶	200	12.00	华联超市
6915546833355	碧浪洗衣粉	袋	400	3.00	华联超市
6906587989878	全棉毛巾	条	800	3.50	华联超市
6925587773494	怡景纯净水	瓶	1,000	0.80	华联超市
6935487777346	丝袜	双	260	1.00	华联超市
6923414446799	舒蕾洗发水	瓶	120	20.00	华联超市
6914687933974	顺爽洗发水	瓶	200	19.00	华联超市
6923346497258	可比克薯片	袋	400	5.00	华联超市
6912344679325	红富士牌床单	床	100	40.00	华联超市
6903364875798	美丽牌床单	床	120	43.00	华联超市
6913544798525	红富士四件套	套	90	100.00	华联超市
6934654795228	雕牌洗衣粉	袋	600	3.00	华联超市
6910546549879	喜之郎果冻	袋	350	10.00	华联超市

4. 供货商——九州通药店。

表 10

商品条码	商品名称	单位	数量	进价	供货商
6916548328799	胃必治	盒	200	13.00	九州通药店
6925483333457	牛黄解毒片	盒	800	3.40	九州通药店
6915487987546	感冒清	盒	500	5.60	九州通药店
6925447987659	吗叮啉片剂	盒	340	15.00	九州通药店

5. 供货商——新华书店。

表 11

商品条码	商品名称	单位	数量	进价	供货商
9787804936851	哈利·波特	本	100	20.00	新华书店
9769879464136	白雪公主	本	200	18.00	新华书店
9785431975434	健康生活手册	本	300	26.00	新华书店
9788530098746	旅游手册	本	520	10.00	新华书店
9789823544999	儿童读本	本	1,000	12.00	新华书店

七、根据下述资料，完成退货、新商品购进建立档案、进货、结算等相关操作。

1. 10月31日下述入库商品有部分出现质量问题（见表12），需要退货手续。

表12

商品条码	商品名称	数量	单位	进价	零售价	供货商
6912344679325	红富士牌床单	1	床	40.00	45.00	华联超市
6927958215488	大白兔奶糖	2	袋	3.20	4.00	华联超市
9769879464136	白雪公主	1	本	18.00	19.00	新华书店
9785431975434	健康生活手册	1	本	26.00	28.00	新华书店
6910546549879	喜之郎果冻	2	袋	10.00	12.00	华联超市
6915546833355	碧浪洗衣粉	2	袋	3.00	4.00	华联超市
6906587989878	全棉毛巾	3	条	3.50	5.00	华联超市
6935487777346	丝袜	2	双	1.00	1.50	华联超市
6914687933974	顺爽洗发水	2	瓶	19.00	22.00	华联超市

2. 11月1日知音超市拟扩大经营品种，新购进一批商品到货（见表13）。请先建立商品信息档案，再办理相关商品的入库操作。

表13

商品条码	商品名称	进货数量	单位	进价	零售价	批发价	供货商
6925654874300	好吃点饼干	100	盒	15.00	16.00	15.50	华联超市
6935400654987	妮维雅护手霜	100	支	15.00	17.00	16.50	华联超市
6910546500054	旁氏润肤露	100	盒	22.00	23.00	22.50	华联超市
6924500065498	金龙泉啤酒	500	瓶	3.00	4.00	3.50	华联超市
6930046579840	两面针牙膏	100	支	3.00	3.50	3.40	华联超市
6916467733005	蓝月亮洗手液	100	瓶	11.00	12.00	11.80	华联超市
6930654498795	高露洁牙膏	100	支	3.80	4.20	4.00	华联超市
6902154879460	友芝友酸奶	200	杯	1.30	1.50	1.40	华联超市
6920446547306	友芝友纯牛奶	200	盒	2.10	2.30	2.20	华联超市
6915406549790	玫瑰牌床罩	50	套	60.00	70.00	68.00	华联超市
6935126798404	立顿红茶	100	盒	15.20	16.00	15.80	华联超市
6922220540509	六神牌花露水	100	瓶	7.50	8.00	7.80	华联超市

八、根据以下资料，办理商品批发销售等相关操作：

1. 11月2日，知音超市批发给腾飞超市一批商品（见表14，按零售价批发）。

表14

商品条码	商品名称	数量	单位	零售价
6935487984444	黄鹤楼白酒	20	瓶	15.00
6925448777776	屈臣氏面膜粉	20	袋	8.00
6915546833355	碧浪洗衣粉	20	袋	4.00
6906587989878	全棉毛巾	40	条	5.00
6912344679325	红富士牌床单	20	床	45.00

续表

商品条码	商品名称	数量	单位	零售价
6903364875798	美丽牌床单	20	床	46.00
6925483333457	牛黄解毒片	20	盒	4.00
6915487987546	感冒清	20	盒	6.00
6925447987659	吗叮啉片剂	20	盒	16.00
9787804936851	哈利·波特	20	本	21.00
9769879464136	白雪公主	20	本	19.00

2. 11 月 3 日，腾飞超市发现购进商品部分（见表 15）有质量问题并退回，仓库验收入库。

表 15

商品条码	商品名称	数量	单位
6935487984444	黄鹤楼白酒	10	瓶
6925448777776	屈臣氏面膜粉	10	袋
6915546833355	碧浪洗衣粉	5	袋
6925447987659	吗叮啉片剂	8	盒
9787804936851	哈利·波特	5	本
6903364875798	美丽牌床单	6	床
6925483333457	牛黄解毒片	3	盒

3. 11 月 10 日，知音超市批发给十升超市一批商品（见表 16，按批发价批发）。

表 16

商品条码	商品名称	数量	单位	批发价
6914568987354	庐山牌香烟	299	盒	5.80
6925498732054	品客薯片	100	罐	11.50
6927958215488	大白兔奶糖	195	袋	3.80
6935487984444	黄鹤楼白酒	39	瓶	14.00
6925448777776	屈臣氏面膜粉	89	袋	7.00
6915546833355	碧浪洗衣粉	80	袋	3.50
6906587989878	全棉毛巾	155	条	4.50
6925587773494	怡景纯净水	500	瓶	0.90
6935487777346	丝袜	90	双	1.40
6915432133269	利群牌香烟	300	盒	12.50
6923414446799	舒蕾洗发水	100	瓶	22.00
6914687933974	顺爽洗发水	95	瓶	21.00
6923346497258	可比克薯片	100	袋	5.40

4. 腾飞超市、十升超市各开来支票一张，支付上述货款。

九、11 月 30 日，知音超市将所有商品进行盘点，具体数量见表 17，并将毁损的商品进行报损处理。

表 17

商品条码	商品名称	毁损数量	单位	进价	零售价	供货商
6914568987354	庐山牌香烟	29	盒	5.00	6.00	烟草专卖
6925498732054	品客薯片	10	罐	8.00	12.00	华联超市
6927958215488	大白兔奶糖	15	袋	3.20	4.00	华联超市
6935487984444	黄鹤楼白酒	3	瓶	12.00	15.00	华联超市
6925448777776	屈臣氏面膜粉	8	袋	6.80	8.00	屈臣氏公司
6915546833355	碧浪洗衣粉	12	袋	3.00	4.00	华联超市
6906587989878	全棉毛巾	15	条	3.50	5.00	华联超市
6925587773494	怡景纯净水	10	瓶	0.80	1.00	华联超市
6935487777346	丝袜	50	双	1.00	1.50	华联超市
6915432133269	利群牌香烟	30	盒	12.00	13.00	烟草专卖
6923414446799	舒蕾洗发水	10	瓶	20.00	23.00	华联超市
6914687933974	顺爽洗发水	9	瓶	19.00	22.00	华联超市
6923346497258	可比克薯片	10	袋	5.00	5.50	华联超市
6912344679325	红富士牌床单	2	床	40.00	45.00	华联超市
6903364875798	美丽牌床单	3	床	43.00	46.00	华联超市
6913544798525	红富士四件套	5	套	100.00	120.00	华联超市
6934654795228	雕牌洗衣粉	10	袋	3.00	3.50	华联超市
6916548328799	胃必治	10	盒	13.00	15.00	九州通药店
6925483333457	牛黄解毒片	20	盒	3.40	4.00	九州通药店
6915487987546	感冒清	7	盒	5.60	6.00	九州通药店
6925447987659	吗叮啉片剂	8	盒	15.00	16.00	九州通药店
9787804936851	哈利·波特	3	本	20.00	21.00	新华书店
9769879464136	白雪公主	2	本	18.00	19.00	新华书店
9785431975434	健康生活手册	8	本	26.00	28.00	新华书店
9788530098746	旅游手册	5	本	10.00	12.00	新华书店
9789823544999	儿童读本	19	本	12.00	14.00	新华书店
6910546549879	喜之郎果冻	6	袋	10.00	12.00	华联超市
6925654874300	好吃点饼干	8	盒	15.00	16.00	华联超市
6935400654987	妮维雅护手霜	9	支	15.00	17.00	华联超市
6910546500054	旁氏润肤露	1	盒	22.00	23.00	华联超市
6924500065498	金龙泉啤酒	4	瓶	3.00	4.00	华联超市
6930046579840	两面针牙膏	1	支	3.00	3.50	华联超市
6916467733005	蓝月亮洗手液	1	瓶	11.00	12.00	华联超市

续表

商品条码	商品名称	毁损数量	单位	进价	零售价	供货商
6930654498795	高露洁牙膏	2	支	3.80	4.20	华联超市
6902154879460	友芝友酸奶	20	杯	1.30	1.50	华联超市
6920446547306	友芝友纯牛奶	16	盒	2.10	2.30	华联超市
6915406549790	玫瑰牌床罩	2	套	60.00	70.00	华联超市
6935126798404	立顿红茶	10	盒	15.20	16.00	华联超市
6922220540509	六神牌花露水	10	瓶	7.50	8.00	华联超市

十、12 月因部分商品滞销，知音超市决定降价促销。具体资料见表 18。

表 18

商品条码	商品名称	单位	新零售价	供货商
6925498732054	品客薯片	罐	11.00	华联超市
6927958215488	大白兔奶糖	袋	3.80	华联超市
6935487984444	黄鹤楼白酒	瓶	14.00	华联超市
6925448777776	屈臣氏面膜粉	袋	7.00	屈臣氏公司
6915546833355	碧浪洗衣粉	袋	4.00	华联超市
6906587989878	全棉毛巾	条	5.00	华联超市
6925587773494	怡景纯净水	瓶	0.90	华联超市
6935487777346	丝袜	双	1.40	华联超市
6923414446799	舒蕾洗发水	瓶	22.00	华联超市
6914687933974	顺爽洗发水	瓶	21.00	华联超市
6923346497258	可比克薯片	袋	5.40	华联超市
6912344679325	红富士牌床单	床	42.00	华联超市
6903364875798	美丽牌床单	床	45.00	华联超市
6913544798525	红富士四件套	套	110.00	华联超市
6934654795228	雕牌洗衣粉	袋	3.00	华联超市
6916548328799	胃必治	盒	14.00	九州通药店
6925483333457	牛黄解毒片	盒	3.50	九州通药店
6915487987546	感冒清	盒	5.50	九州通药店
6925447987659	吗叮啉片剂	盒	15.00	九州通药店
9787804936851	哈利·波特	本	20.00	新华书店
9769879464136	白雪公主	本	18.00	新华书店

十一、根据表 19 所列资料分别给储值卡客户办理充值手续。

表 19

客户编号	0985	0986	0987	0988
充值额	2,000.00 元	3,000.00 元	3,500.00 元	4,000.00 元

十二、考核标准：总分 60 分。

1. 系统功能（10 分）
2. 信息档案（10 分）
3. 进货管理（10 分）
4. 批发管理（10 分）
5. 存货管理（10 分）
6. 收银管理（10 分）

实训 2 *Practice*

前台系统综合练习

一、实训目的

通过实训熟练操作百威 3000XP 前台系统或其他系统进行前台收款。

二、实训内容

1. 参数设置；
2. 前台当班；
3. 前台收款；
4. 前台交班。

重点训练在电子收银机上分别采用机器扫描和手工录入两种方式扫描商品；模拟使用现金及银行卡两种结算方式。

三、实训步骤

1. 进入前台系统。
2. 将钱箱、客显屏及相关参数进行设置为“有”，并测试钱箱是否可以打开。
3. 打开钱箱并放入 500 元零钱（可自制代金券或以练功券充当）。
4. 进入前台当班，输入钱箱初始备用金金额 500 元。
5. 进入前台收款界面，练习各功能键的使用，完成以下 10 件商品的前台收银工作。
6. 商品装袋：帮助顾客将以下 10 件商品放入袋中。
7. 进入前台交班界面，办理交班。

四、实训要求

1. 前台收银的操作一律不得使用鼠标。
2. 前台收款时，练习用扫描枪与手工录入条码两种方式。
3. 课前老师要在后台建立商品档案，准备好表 20 中所列示商品的条码或替代品：

表 20

商品条码	商品名称	数量	单位	零售价（元）
6935487984444	黄鹤楼白酒	20	瓶	15.00
6925448777776	屈臣氏面膜粉	8	袋	8.00
6915546833355	碧浪洗衣粉	10	袋	4.00
6906587989878	全棉毛巾	30	条	5.00
6912344679325	红富士牌床单	2	床	45.00
6903364875798	美丽牌床单	3	床	46.00
6925483333457	牛黄解毒片	36	盒	4.00
6915487987546	感冒清	20	盒	6.00
9787804936851	哈利·波特	1	本	21.00
9769879464136	白雪公主	3	本	19.00

五、考核办法

1. 老师充当顾客，应考学生充当收银员，分别考核按采用机器扫描和手工录入两种方式完成以上 10 件商品的前台收银工作。

2. 评分标准：满分为 100 分，按照实训步骤、操作熟练程度、应收金额准确与否、着装与仪表、服务态度、服务语言、动作规范化和标准化程度等八个方面打分。各项满分为 12.5 分。各项评为优秀者可得到该项分值的 90% ~100%；评为良好者可得到该项分值的 80% ~90%；评为合格者可得到该项分值的 60% ~80%；评为不合格者可得到该项分值的 60% 以下（见表 21）。

3. 采用机器扫描方式收银时限时：1 分 30 秒；采用手工录入方式收银时限时：100 秒，平均每 10 秒钟一件。

表 21

评分项目	优秀	良好	合格	不合格	小计
实训步骤					
操作熟练程度					
应收金额准确与否					
着装与仪表					
服务态度					
服务语言					
动作规范化					
标准化程度					
总分					

六、实训说明

前台收银实训时教学方法可采用老师讲授、示范，指导学生训练规定资料。为了提高学生练习兴趣，还可以让学生自带若干商品先建立商品档案，然后再完成前台收银工作。

附：前台收银训练资料（表22、表23）。

根据下列表中所给资料在后台建立商品档案，然后在前台按原价和调整后的价格各完成一次收银工作。

前台训练资料1

表22

条形码	品　名	数量	单位	原价（元）	修改的折扣或单价
6910546549879	喜之郎果冻	9	袋	12.00	9折
6925654874300	好吃点饼干	1	盒	16.00	13元
6935400654987	妮维雅护手霜	6	支	17.00	5折
6910546500054	旁氏润肤露	1	盒	23.00	20元
6924500065498	金龙泉啤酒	24	瓶	4.00	8折

前台训练资料2

表23

商品条码	商品名称	数量	单位	修改的折扣或单价	原价（元）
6912344679325	红富士牌床单	9	床	8折	45.00
6927958215488	大白兔奶糖	2	袋	5元	4.00
6914687933974	顺爽洗发水	1	瓶	6折	22.00
6910546549879	喜之郎果冻	3	袋	10元	12.00
6915546833355	碧浪洗衣粉	10	袋	9折	4.00

前台训练资料3

根据下列实物条码及商品资料在后台建立商品档案，其中进价和零售价自己根据估计填写，然后在前台用手工录入和机器扫描录入两种方式完成前台收银工作。

10 I000350001
麒麟午后红茶奶茶 340ml
6920458854533

10 I000442001
旺旺蕉豆 125g
6920584452061

10 I000847001
旺仔牛奶 245ml
6920584471017

10 I000858001
旺仔牛奶礼盒
6920584471055

10 I000899001
旺仔牛奶量贩装 150ml
6920584471215

10 I000396001
棒棒娃火爆麻辣牛肉干 100g
6920601700038

10 I000426001
棒棒娃香辣龙须牛肉 100g
6920601700052

10 I000419001
棒棒娃香辣灯影牛肉 200g
6920601700069

10 I000403001
棒棒娃麻辣手撕牛肉 52g
6920601711416

10 I000410001
棒棒娃五香牦牛肉 52g
6920601756233

10 I000431001
棒棒娃香辣牦牛肉 52g
6920601756431

10 I000265001
旺旺摇滚冻冰湛淋 116g
6920658210252

10 I000129001 旺旺果肉果冻 200g 什锦 6920658215721	10 I000079001 旺旺果肉果冻 200g 葡萄 6920658215745	10 I000321001 旺仔摇滚冻巧克力 116g 6920658267041	10 I000320001 旺仔摇滚冻草莓牛奶 116g 6920658267058
10 I000093001 旺旺咖啡冻 108g 6920658267119	10 I000796001 旺旺泡泡果奶原味 350ml 6920658281061	10 I000784001 旺旺泡果奶原味 350ml 6920658281498	10 I000777001 旺旺泡泡果奶草莓味 350ml 6920658281634
10 I000707001 旺旺 O 泡果奶原味 245ml 6920658281689	10 I000686001 旺旺 O 泡果奶草莓味 245ml 6920658281696	10 I000723001 旺旺利乐包 O 泡果奶原味 6920658281795	10 I000715001 旺旺利乐包 O 泡果奶草莓 6920658281801
10 I000695001 旺旺 O 泡果奶礼盒 245ml 6920658281832	10 I000672001 旺旺 O 泡果奶 1.5L 6920658281917	10 I000051001 天喜芝麻酱 450g 6920667211646	10 I000511001 康师傅红烧精装面 99g 6920734701797
10 I000236001 邓村绿茶 250g 6915051750177	10 I000224001 云雾西湖龙井 300g 6915051750245	10 I000231001 百宴图碧螺春 300g 6915051750283	10 I000608001 云雾五峰绿茶 150g 6915051800070
10 I000561001 云雾邓村绿茶 150g 6915051800087	10 I000602001 云雾三峡碧峰 100g 6915051880010	10 I000219001 云雾毛尖王 150g 6915051887866	10 I000217001 云雾毛峰 100g 6915051899999
10 I000267001 绿叶什锦豆 150g 6915581000025	10 I000282001 青豆果子 6915581000094	10 I000266001 绿叶开心果 150g 6915581000179	10 I000233001 袋装铁观音 125g 6915877003389

10 I000166001 雀巢咖啡奶 250ml 6917878000442	10 I000274001 雀巢咖啡 1+2（11 盒） 6917878001982	10 I000281001 雀巢咖啡 1+2（22 袋）13 6917878001999	10 I000283001 雀巢咖啡 1+2（42 袋）13 6917878002446
10 I000990001 雀巢蜂蜜米粉 225g 6917878002460	10 I000366001 雀巢咖啡礼盒 200g+400g 6917878002590	10 I000364001 雀巢咖啡礼盒 200g+400g 6917878002613	10 I000552001 雀巢美极鸡茸玉米羹 35g 6917878002781
10 I000540001 雀巢美极鸡茸蘑菇汤 35g 6917878002804	10 I000557001 雀巢美极酸辣汤 35g 6917878002811	10 I000308001 雀巢咖啡 200g 6917878002972	10 I000314001 雀巢咖啡伴侣 200g 6917878002989
10 I000328001 雀巢咖啡伴侣 400g 6917878002996	10 I000279001 雀巢咖啡 1+2（11 条装） 6917878007441	10 I000293001 雀巢咖啡 1+2 串装 6917878007977	10 I000341001 雀巢咖啡单包 6917878008691
10 I000335001 雀巢咖啡伴侣单包 6917878008707	10 I000381001 雀巢小号咖啡套装 100g+ 6917878010250	10 I000287001 雀巢咖啡 1+2（杯装） 6917878011004	10 I000997001 雀巢鸡肉蔬菜米粉 225g 6917878014340
10 I000290001 雀巢咖啡 1+2（三条装） 6917878017914	10 I000045001 金牌雀巢咖啡 1.8g×12 6917878020501	10 I000301001 雀巢咖啡 1+2 特浓（10 袋） 6917878024189	10 I000304001 雀巢咖啡 1+2 特浓（38 袋） 6917878024226
10 I000033001 含羞草核桃仁 160g 6918110887876	10 I000053001 含羞草开心果 100g 6918110888194	10 I000057001 含羞草开心果 400g 6918110888323	10 I000336001 上好佳缤纷秀 120g 6919020011283

10 1000345001
上好佳荔枝硬糖 120g
6919020012068

10 1000343001
上好佳薄荷硬糖 120g
6919020012075

10 1000307001
上好佳八宝硬糖 120g
6919020012204

10 1000342001
上好佳冰柠檬硬糖 120g
6919020012211

10 1000347001
上好佳什锦果糖 120g
6919020012297

10 1000478001
康师傅豉汁排骨杯面 58g
6920734702626

10 1000523001
康师傅红烧牛肉面量贩装
6920734705177

10 1000440001
康师傅爆椒牛肉杯面
6920734708925

10 1000485001
康师傅豉汁排骨精袋 106g
6920734735006

10 1000533001
康师傅酱香红烧肉袋面 106g
6920734755561

10 1000493001
康师傅好滋味红烧牛肉袋
6920734759019

10 1000499001
康师傅好滋味香辣牛肉袋
6920734772353

10 1000962001
金苹果田园蔬菜 200g
6920813612334

10 1000936001
金苹果比萨薄饼 200g
6920813612341

10 1000940001
金苹果多滋味薄片海鲜味
6920813612471

10 1000947001
金苹果多滋味薄片芝麻味
6920813612495

10 1000967001
金苹果鲜椰提子曲奇 800g
6920813615144

10 1000030001
果王金桃仁 150g
6920898800107

10 1000025001
果王怪味豆 250g
6920898805379

10 1000446001
果王香辣牛肉干 118g
6920898806611

10 1000437001
果王五香牛肉干 118g
6920898806789

10 1000973001
精益珍鸡蛋小丸煎饼
6920902912017

10 1000576001
好丽友好多鱼（海苔味）
6920907808032

10 1000577001
好丽友好多鱼（茄汁味）
6920907808117

10 1000358001
雀巢茶柠檬红茶 480ml
6920927143212

10 1000354001
雀巢冰极红茶 480ml
6920927143243

10 1000356001
雀巢冰极绿茶 480ml
6920927143267

10 1000372001
雀巢香滑咖啡 180ml
6920927144417

编号	品名	条码
10 I000369001	雀巢巧克力咖啡 180ml	6920927144424
10 I000012001	圣寿花生豆瓣 655g	6920934507878
10 I000016001	圣寿仔姜豆瓣 655g	6920934507885
10 I000384001	劲宝十八味调料	6921011300603
10 I000397001	劲宝羊肉串调料	6921011310367
10 I000331001	劲宝生姜粉	6921011310701
10 I000319001	劲宝生粉	6921011320199
10 I000077001	广济武穴酥糖	6921154160096
10 I000060001	广济长条云片糕复合	6921154160102
10 I000085001	广济武穴酥糖	6921154160188
10 I000066001	广济酥糖	6921154160331
10 I000126001	农夫龙井绿茶 520ml	6921168555567
10 I000284001	农夫山泉农夫柠檬红茶	6921168555581
10 I000128001	农夫茉莉花茶 520ml	6921168555598
10 I000939001	古灯黄豆酱油 350ml	6921270501292
10 I000698001	雅客高级太妃糖 250g	6921292706989
10 I000705001	雅客美嚼橡皮糖草莓 18g	6921292708631
10 I000668001	雅客 V9 香橙 36g	6921292711723
10 I000661001	雅客 V9 蜜瓜味 110g	6921292715202
10 I000652001	雅客 V9 草莓味 110g	6921292715226
10 I000026001	康师傅冰红茶	6921294307016
10 I000461001	旺旺软糖 QQ 五连（桔子）	6921299762018
10 I000849001	实在香草饼红豆口味 60g	6921644302593
10 I000781001	实在香草饼（栗子味）	6921644302609
10 I000895001	实在香草饼绿豆口味 60g	6921644302616
10 I000854001	实在香草饼花生口味 150g	6921644302623
10 I000762001	实在香草饼（黑芝麻味）	6921644302630
10 I000859001	实在香草饼绿茶口味 150g	6921644302647

10 1000770001
实在香草饼（红豆味）150g
6921644302654

10 1000903001
实在香草饼粟子味 150g
6921644302661

10 1000793001
实在香草饼（绿豆味）
6921644302678

10 1000838001
实在香草饼 500g
6921644302784

10 1000158001
开心果 160g
6921644306355

10 1000015001
富锦盐焗杏仁
6921644307024

10 1000017001
富锦盐焗腰果
6921644307048

10 1000023001
富锦盐焗腰果 60g
6921644307970

10 1000007001
富锦开心果 65g
6921644307987

10 1000039001
富锦盐焗杏仁 60g
6921644307994

10 1000371001
奕发香蕉片 108g
6921747800446

10 1000380001
奕发杨梅 80g
6921747822424

10 1000029001
陶氏老干妈油辣椒酱 210g
6921804700054

10 1000028001
陶氏老干妈鲜牛肉末酱
6921804700306

10 1000018001
陶氏老干妈豆豉酱 280g
6921804700757

10 1000115001
摩卡金牌礼盒
6921819700216

10 1000252001
摩卡极赏礼盒
6921819700223

10 1000263001
摩卡碳烧咖啡 +210g 奶精
6921819700285

10 1000256001
摩卡三合一碳烧咖啡 15g
6921819700438

10 1000136001
摩卡拿铁三合一 15g
6921819700780

10 1000146001
摩卡三合一随身包咖啡
6921819700865

10 1000142001
摩卡三合一随身包咖啡
6921819700872

10 1000270001
摩卡易拉罐咖啡 255ml
6921819725530

10 1000968001
池之王塑桶 2500ml
6921930600433

10 1000340001
洪湖通心莲
6921938100119

10 1000697001
洪湖高钙莲子羹 600g
6921938100171

10 1000704001
洪湖核桃莲子羹 600g
6921938100188

10 1000334001
红枣莲子玉米羹
6921938100294

10 |000385001 洪湖野生武昌鱼 240g 6921938101154	10 |000398001 洪湖野生武昌鱼 240g 6921938101161	10 |000609001 金亿丰五香牛肉干 33G 6922052000026	10 |000591001 金亿丰五香牛肉干 15g 6922052000033
10 |000564001 金亿丰卤味牛腱 15g 6922052000040	10 |000637001 金亿丰五香猪肉干 6922052000149	10 |000615001 金亿丰五香牛肉干 65g 6922052000156	10 |000582001 金亿丰麻辣牛肉干 6922052000170
10 |000700001 神龙二组合麻糖 6922083911889	10 |000722001 神龙金小方麻糖 150g 6922083915887	10 |000708001 神龙黑芝麻糖 250g 6922083918994	10 |000679001 神龙大四组合麻糖 6922083919540
10 |000667001 神龙大三组合麻糖 6922083919601	10 |000674001 神龙大三组合麻糖（精品） 6922083919984	10 |000716001 神龙焦切四组合麻糖 250g 6922083923110	10 |000691001 神龙大五组合麻糖 6922083966995
10 |000660001 神龙八组合麻糖 6922083988881	10 |000731001 神龙小方盒麻糖 6922083992369	10 |000047001 富运辣椒王丝 70g 6922141500222	10 |000536001 绿豆糕 400g 6922240750221
10 |000497001 莲蓉糕 400 克 6922240750276	10 |000835001 东方红营养奶糕 115g 6922247400013	10 |000841001 东方红玉米奶糕 115g 6922247410029	10 |000791001 东方红黑米奶糕 115g 6922247410036
10 |000933001 维维 560 克维他型豆奶 6922270833901	10 |000928001 金洋加钙型豆奶粉 6922270833918	10 |000924001 金洋纯豆奶（低糖型） 6922270835226	10 |000952001 食博园黄石港饼 80g 6922374697010

10 I000931001 食博园黄石港饼 350g 6922374699182	10 I000941001 食博园黄石港饼 500g 6922374699991	10 I000168001 陆仙西湖龙井 200g 6922412700016	10 I000640001 强人清润八宝 6922560362395
10 I000239001 立顿纤扬茶 S2032g 6922848641150	10 I000238001 立顿清衡茶 S2032g 6922848641167	10 I000998001 立顿 Q 果趣奶茶香滑原味 6922848642324	10 I000992001 立顿 Q 果趣奶茶巧克力 6922848642331
10 I000989001 立顿 Q 果趣奶茶麦香旋舞 6922848642355	10 I000144001 陆仙礼盒铁观音 250g 6922856200097	10 I000169001 陆仙信阳毛尖 6922856200448	10 I000162001 陆仙五峰绿茶 6922856200516
10 I000152001 陆仙毛尖 250g 6922856200547	10 I000150001 陆仙绿茶 500g 6922856200585	10 I000178001 陆羽礼盒名茶 400g 6922856201124	10 I000116001 陆仙礼盒碧螺春 6922856201254
10 I000148001 陆仙龙井 6922856201261	10 I000097001 陆仙极品银针 6922856201353	10 I000089001 陆仙黄山贡菊花 6922856201360	10 I000102001 陆仙金银花 6922856201377
10 I000107001 陆仙精品礼盒碧螺春 300g 6922856201407	10 I000160001 陆仙扇形剑毫 6922856201445	10 I000141001 陆仙礼盒名茶 200g 6922856201704	10 I000122001 陆仙礼盒碧螺春 100g 6922856201803
10 I000172001 陆羽精品礼盒 300g 6922856201988	10 I000200001 天然野菊花 6922856202015	10 I000182001 茉莉花茶 6922856202046	10 I000204001 信阳毛尖 6922856202053

10 |000181001
茉莉春尖
6922856202060

10 |000202001
五峰绿茶
6922856202077

10 |000215001
云雾绿茶
6922856202091

10 |000155001
陆仙茉莉春尖
6922856202329

10 |000171001
陆仙云雾绿茶
6922856202343

10 |000159001
陆仙茉莉花茶
6922856202374

10 |000001001
250 克邓村绿茶
6922856202411

10 |000194001
三峡剑毫 100g
6922856202435

10 |000002001
碧螺春 150g
6922856202442

10 |000635001
南乐芝麻酥 400 克
6923484900038

10 |000555001
南乐多味锅巴 400g
6923484900052

10 |000585001
南乐麻心圆 400G
6923484900069

10 |000603001
南乐酥糖 100g
6923484900083

10 |000613001
南乐芝麻果 300g
6923484900090

10 |000579001
南乐麻心圆 220g
6923484900113

10 |000565001
南乐红绿豆饼 150g
6923484900137

10 |000568001
南乐绿豆糕 400g
6923484900144

10 |000728001
喜多多绿豆汤 370g
6923523900944

10 |000709001
喜多多果蔬纤 V 八宝粥
6923523902788

10 |000758001
喜多多马蹄纤 V 八宝粥
6923523902900

10 |000718001
喜多多芦荟纤 V 八宝粥
6923523902924

10 |000981001
汇源乳果丽人 500g
6923555225350

10 |000420001
高乐高饮品 500g
6923589200026

10 |000408001
高乐高 350g
6923589200033

10 |000400001
高乐高 200g
6923589200057

10 |000401001
高乐高卷卷心（橙子夹心）
6923589200408

10 |000404001
高乐高卷卷心（桃子夹心）
6923589200446

10 |000209001
鸿兴源孜然粉 40g
6923686000215

10 I000140001 鸿兴源五香粉 28g 6923686000222	10 I000101001 鸿兴源精选八角 50g 6923686000338	10 I000086001 鸿兴源花椒粉 26g 6923686000383	10 I000108001 鸿兴源精选花椒 50g 6923686001120
10 I000111001 鸿兴源咖喱粉 30g 6923686001151	10 I000070001 鸿兴源桂皮 25g 6923686001380	10 I000078001 鸿兴源好德十三香炖肉粉 6923686001502	10 I000819001 贝蒂妙厨妙脆角茄子味 4 6923721201225
10 I000817001 贝蒂妙厨妙脆角美式茄汁 6923721201232	10 I000820001 贝蒂妙厨妙脆角茄子味 6923721201249	10 I000818001 贝蒂妙厨妙脆角魔力炭烧 6923721201317	10 I000472001 七姊食用纯碱 230g 6923766300396
10 I000425001 七姊朝天椒王（二合一） 6923766300846	10 I000500001 七姊五香全料蒸肉粉 135g 6923766308170	10 I000436001 七姊辣椒王丝 35g 6923766308187	10 I000490001 七姊酥浆粉 6923766308255
10 I000892001 蒸肉粉　腐乳味 6923766308262	10 I000447001 七姊嫩肉粉 6923766308293	10 I000531001 七姊鲜卤大王 100g 6923766308378	10 I000517001 七姊鲜酱汁蒸肉粉 140g 6923766308392
10 I000916001 久和 56 度北京二锅头酒 6923855300153	10 I000910001 久和 52 度北京二锅头酒 6923855300160	10 I000277001 洽洽麻蜡味怪味豆 23g 6924187826311	10 I000280001 洽洽五香怪味豆 23g 6924187826328
10 I000643001 三楚礼包港饼 500g 6924278482167	10 I000415001 黄石大港饼 340g 6924278490377	10 I000649001 三楚牌麻心园 300g 6924278490407	10 I000424001 黄石港饼 6924278499028

编码	品名	条码
10 1000453001	黄石小港饼 350g	6924278499042
10 1000439001	黄石双小港饼 75g	6924278499059
10 1000433001	黄石礼包港饼 320g	6924278499080
10 1000164001	滨崎小熊动物饼 500g	6924762321156
10 1000165001	滨崎小熊智力饼 500g	6924762321231
10 1000390001	迪士尼威化饼（草莓味）	6924762321293
10 1000394001	迪士尼威化饼（柠檬味）	6924762321576
10 1000149001	滨崎迪士尼灌心饼（巧克力味）	6924762396000
10 1000156001	滨崎迪士尼米奇牛奶饼	6924762396376
10 1000161001	滨崎迪士尼米奇巧克力饼	6924762396437
10 1000383001	迪士尼手指饼 100g	6924762397304
10 1000167001	滨崎心宠草莓熊仔饼 45g	6924762397618
10 1000170001	滨崎心宠巧克力熊仔饼	6924762399612
10 1000596001	新清嘴草莓含片 30'/盒	6924960961185
10 1000669001	云雾三峡碧峰 1001g	6925001023145
10 1000656001	早麦营养麦片	6925009900097
10 1000664001	早早麦燕麦片	6925009900752
10 1000289001	天喔开心果	6925009903241
10 1000294001	天喔开心果（新）100g	6925009908284
10 1000297001	天喔开心果（新）150g	6925009908291
10 1000285001	天喔很牛牛肉粒（什锦）	6925009908574
10 1000386001	天喔茶庄乌龙茶 500ml	6925009910690
10 1000524001	天喔茶庄普洱茶 500ml	6925009910706
10 1000363001	天喔茶庄绿茶 500ml	6925009910713
10 1000009001	厨博士生姜汁 20ml	6925033800028
10 1000013001	厨博士香葱汁 100ml	6925033800042
10 1000332001	大实惠威化量贩装 675g	6925080414360
10 1000929001	八味庄全美生抽	6925133019405

10 I000923001 八味庄草菇老抽 6925133019429	10 I000059001 汉高超级生粉 6925184600119	10 I000434001 好劲道组合装麻辣 5 包 87g 6925303712129	10 I000409001 好劲道宽面鼓椒五连包 87g 6925303713805
10 I000454001 统一绿茶（低糖）500ml 6925303721367	10 I000422001 统一冰红茶 500ml 6925303721398	10 I000430001 统一冰绿茶 500ml 6925303721404	10 I000413001 统一冰红茶 1.5L 6925303721435
10 I000466001 统一绿茶 1.5L 6925303721497	10 I000441001 统一茶里王 560ml（台湾绿茶） 6925303721626	10 I000395001 统一 TP 绿茶 250ml 6925303722432	10 I000405001 统一冰红茶（掌中包） 6925303722562
10 I000389001 统一雅哈咖啡 250ml 6925303722869	10 I000392001 统一雅哈奶特诱惑 250ml 6925303732851	10 I000427001 好劲道上汤炸酱排骨面 6925303772352	10 I000418001 好劲道麻辣牛骨面 105g 6925303772437
10 I000402001 好劲道红烧牛骨面 105g 6925303772444	10 I000830001 牛来香卤汁牛肉 103g 6925323600772	10 I000833001 牛来香烧烤牛肉 60g 6925323601021	10 I000829001 牛来香卤汁牛筋 60g 6925323601038
10 I000832001 牛来香卤汁牛肉 60g 6925323601045	10 I000096001 张氏记大厨来辣酱 6925555689989	10 I000104001 中味香辣脆 220g 6925566700277	10 I000110001 中味雪菜肉丝 200g 6925566700413
10 I000443001 广源黑芝麻甜薄脆 200g 6925598710046	10 I000463001 广源香葱咸薄脆 200g 6925598710145	10 I000480001 广源杂粮薄脆 200g 6925598710237	10 I000484001 广源孜然牛肉薄脆饼干 6925598710275

10 |000456001
广源黑芝麻甜薄脆 800g
6925598710800

10 |000469001
广源香葱咸薄脆 800g
6925598710817

10 |000411001
广源大红枣甜薄脆 800g
6925598710824

10 |000417001
广源低糖海苔饼干 780g
6925598712293

10 |000423001
广源豆浆薄脆饼干 200g
6925598719056

10 |000786001
中老年高钙奶粉 400g
6925615825654

10 |000253001
旺旺碎碎冰葡萄 85ml
6925861531149

10 |000251001
旺旺碎碎冰柠檬 85ml
6925861531156

10 |000119001
旺旺碎碎冰柑橘 85ml
6925861531163

10 |000259001
旺旺吸得冻苹果味 85g
6925861561412

10 |000254001
旺旺吸得冻草莓味 85g
6925861561429

10 |000261001
旺旺吸得冻水蜜桃味 85g
6925861561474

10 |000494001
旺旺吸得冻葡萄味 85g
6925861561481

10 |000839001
旺旺旺仔牛奶（礼盒）
6925861571305

10 |000586001
食用纯碱
6926068816862

10 |000374001
得得 B 薯片 120g
6926145700121

10 |000379001
得得 B 虾片 120g
6926145700138

10 |000913001
嘉友得得 B 葱片 120g
6926145700145

10 |000344001
上好佳柑橘糖 120g
6926265306234

10 |000346001
上好佳苹果硬糖 120g
6926265306814

10 |000349001
上好佳特浓奶糖 120g
6926265329349

10 |000348001
上好佳酸奶软糖 120g
6926265329356

10 |000983001
土家人三峡茗酥（传统型）
6926325420030

10 |000114001
白家辣味肥肠粉丝 108g
6926410320030

10 |000143001
白家酸辣粉丝 108g
6926410320047

10 |000117001
白家麻辣烫袋装粉丝 105g
6926410321075

10 |000310001
白家五连包酸辣方便粉丝
6926410321211

10 |000123001
白家酸菜鱼袋装粉丝 105g
6926410321396

- 10 I000732001 喜之郎 8 粒水果小袋果冻 6926475200155
- 10 I000803001 喜之郎山楂果冻爽 150g 6926475200360
- 10 I000813001 喜之郎芦荟果冻爽 200g 6926475200759
- 10 I000806001 钻石杯（蜜桃味）218g 6926475201015
- 10 I000808001 苹果味果冻爽 150g 6926475201312
- 10 I000814001 喜之郎柠檬味果冻爽 150g 6926475201336
- 10 I000807001 菠萝味果冻爽 150g 6926475201343
- 10 I000815001 香橙味果冻爽 150g 6926475201350
- 10 I000809001 葡萄味果冻爽 6926475201367
- 10 I000805001 香橙味钻石杯 218g 6926475201428
- 10 I000799001 喜之郎果肉优酪杯 160g 6926475201930
- 10 I000278001 喜之郎茶味果冻 117g 6926475202944
- 10 I000801001 喜之郎咖啡果冻 117g 6926475202951
- 10 I000541001 绿源黄石多味港饼 350g 6926620888818
- 10 I000545001 绿源黄石多味港饼 80g 6926620888849
- 10 I000514001 梁子湖野生武昌鱼系列 6926723758025
- 10 I000505001 梁子湖野生武昌鱼 6926723758032
- 10 I000522001 梁子湖野生武昌鱼滋补型 6926723758056
- 10 I000893001 大磨鲜豆浆 350g 6926757800042
- 10 I000670001 大磨三合一核桃粉 600g 6926757800196
- 10 I000676001 大磨中老年核桃粉 600g 6926757800219
- 10 I000934001 银鹭牛奶花生 370g 6926892516082
- 10 I000927001 银鹭绿豆汤 370g 6926892520089
- 10 I000911001 银鹭莲子八宝粥 360g 6926892521086
- 10 I000902001 银鹭桂圆莲子八宝礼盒 360g 6926892521185
- 10 I000861001 银鹭桂圆八宝粥 360g 6926892527088
- 10 I000853001 银鹭低糖八宝粥 360g 6926892528085
- 10 I000946001 银鹭椰果八宝粥 360g 6926892529082

10 1000954001
银鹭银耳八宝粥 370g
6926892531085

10 1000243001
龙坞贡品银针 50g
6927005365993

10 1000073001
湖广府纸皮核桃
6927139980109

10 1000063001
湖广府多味蚕豆 500g
6927139981229

10 1000407001
湖广府小麻花 90g
6927139981618

10 1000067001
湖广府五香葵仁 160g
6927139981809

10 1000082001
湖广府开心果 150g
6927139988884

10 1000513001
摇篮钙维健中老年奶粉
6927462900232

10 1000305001
万隆福松子 160g
6927541600015

10 1000333001
万隆福杏仁 160g
6927541600053

10 1000302001
万隆福开心果 150g
6927541600077

10 1000309001
万隆福五香豆 160g
6927541600251

10 1000299001
万隆福怪味豆 160g
6927541600299

10 1000303001
万隆福开心果 500g
6927541600381

10 1000368001
万隆福纸皮核桃 350g
6927541601180

10 1000300001
万隆福核桃仁 350g
6927541618102

10 1000338001
万隆福盐焗腰果 150g
6927541618249

10 1000313001
万隆福香酥幸运果 138g
6927541618454

10 1000316001
万隆福笑口杏仁 100g
6927541618553

10 1000365001
万隆福玉带豆 300g
6927541618645

10 1000049001
致中和龟苓膏 200g
6927671100010

10 1000080001
致中和听装龟苓膏 250g
6927671100027

10 1000068001
致中和龟苓膏学生装 200g
6927671100065

10 1000482001
皇室燕麦片 400g
6927823690024

10 1000227001
云雾信阳毛尖
6927994110284

10 1000175001
串屋精点坊 BB 蛋糕（香蕉味）
6928021704087

10 1000180001
串屋精点坊 BB 蛋糕香橙
6928021704100

10 1000177001
串屋精点坊 BB 蛋糕（哈密瓜味）
6928021704124

10 1000353001
跳跳龙 180 克精致小酸酸
6928410402181

10 1000355001
跳跳龙丁丁 72 克糖快乐果
6928410402341

10 1000406001
久和嫩肉粉
6928451700017

10 1000959001
品品人生牛板筋（香辣）
6928497806025

10 1000953001
品品人生牛板筋（烧烤）
6928497806032

10 1000970001
品品人生牛板筋（香辣）
6928497806049

10 1000937001
品品人生牛板筋（麻辣）
6928497810015

10 1000945001
品品人生牛板筋（烧烤）
6928497810039

10 1000653001
强人银耳八宝粥 360g
6928535700940

10 100033[illegible]001
强人八宝礼盒 360g
6928535700995

10 1000827001
美浓沙嗲牛肉粒 158g
6931302602095

10 1000828001
美浓沙嗲牛肉粒 58g
6931302602132

10 1000765001
美浓香辣牛肉粒 58g
6931302602156

10 1000275001
美浓 125 克琥珀桃仁
6931302602194

10 1000783001
茅台 38 度不老金牌盒 500ml
6931691101964

10 1000795001
茅台繁花似锦 500ml×2
6931691103814

10 1000792001
茅台 52 度锦上添花 750ml
6931691103852

10 1000788001
茅台 52 度二龙戏珠 500ml
6931691103876

10 1000976001
茅台 52 度家常小酒 100ml
6931699809220

10 1000995001
52 度茅台福酒礼盒 425ml
6931699810820

10 1000822001
老川江 70 克五香牛肉粒
6932187986744

10 1000823001
老川江 70 克香辣牛肉干
6932187986775

10 1000644001
老川江 160 克沙嗲牛肉干
6932187986829

10 1000821001
老川江 70 克沙嗲牛肉粒
6932187986836

10 1000655001
老川江 190 克特级灯芯牛
6932187986867

10 1000744001
老川江 200 克真空麻辣牛
6932187986898

10 1000824001
老川江 88 克真空麻辣牛肉
6932187986904

10 1000244001
龙坞黄山毛尖 100g
6932884911247

10 1000951001
52 度监利粮酒 2400ml
6933002000065

10 1000900001
监利粮酒米香型 46 度
6933002000072

10 1000904001
黑牛维他豆奶粉 600g
6933075100082

10 1000898001
黑牛高钙豆奶粉 600g
6933075100099

10 1000912001
黑牛中老年豆奶粉 600g
6933075100105

10 1000428001
黑牛核桃燕麦片 680g
6933075101928

10 1000438001
黑牛燕麦片礼盒 880g
6933075102000

10 1000432001
黑牛牛奶燕麦片 880g
6933075102963

10 1000450001
黑牛中老年燕麦片 880G
6933075102970

10 1000444001
黑牛元宝麦片礼盒 1000g
6933075103038

10 1000583001
人和麦片礼盒 1000g
6933288400283

10 1000774001
人和营养糊双福礼盒 100
6933288400306

10 1000905001
金枝大曲 1800ml
6933395800358

10 1000076001
龙坞特级碧螺春 50g
6934537100015

10 1000240001
龙坞 A-099 前龙井茶 250g
6934537100114

10 1000370001
龙坞明前碧螺春 250g
6934537100268

10 1000027001
龙坞 100G 特级高山毛尖
6934537101104

10 1000062001
龙坞 75G 特级高山毛峰
6934537101111

10 1000021001
龙坞 100G 茉莉特级花茶
6934537101166

10 1000004001
龙坞 100G 茉莉毛尖
6934537101180

10 1000003001
龙坞 100G 茉莉春毫
6934537101210

10 1000571001
海新泡吧消化饼（蔬菜）
6934928000993

10 1000588001
海新泡吧消化饼（碘盐）
6934928001020

10 1000572001
海新泡吧消化饼（芝麻）
6934928001037

10 1000092001
劲旺怪味豆 500g
6935258900052

10 1000145001
劲旺美国开心果 150g
6935258900106

10 1000151001
劲旺笑口松子 150g
6935258900137

10 1000087001
劲旺怪味豆 150g
6935258900144

10 |000153001
劲旺玉带豆 150g
6935258900502

10 |000138001
劲旺开心果 450g
6935258900601

10 |000100001
劲旺黄金豆 128g
6935258966669

10 |000134001
劲旺黄金片 108g
6935258966676

10 |000393001
大骨面大骨海带 105g
6935270601753

10 |000360001
白象大骨面香辣猪骨 102g
6935270601852

10 |000377001
白象大骨面原汁猪骨 103g
6935270601869

10 |000315001
白象大骨面大骨鸡汁 105g
6935270603344

10 |000337001
白象大骨面香辣牛骨105g
6935270603351

10 |000550001
旺仔牛奶糖 62g
6936003512230

10 |000543001
旺仔牛奶糖 126g
6936003512247

10 |000272001
绿叶小虾条 70g
6936513600120

10 |000587001
人和牛奶营养麦片 680g
6936892400076

10 |000605001
人和藕粉礼盒 1000g
6936892400205

10 |000611001
人和中老年牛奶麦片 100g
6936892400212

10 |000121001
汉口精武鸭颈（休闲）
6937359500056

10 |000147001
汉口精武鸭掌（精包）
6937359500223

10 |000326001
汉口精武鸭肫（精包）
6937359500261